A História da Guerra Hispano-Americana

Por Charles River Editors

Uma representação dos Rough Riders na Batalha de San Juan Hill

Introdução

Uma foto de prisioneiros de guerra espanhóis em Manila

"Uma Esplêndida Pequena Guerra." - John Hay, Embaixador dos EUA no Reino Unido, descreve a guerra em uma carta a Theodore Roosevelt

Em 1898, uma das últimas possessões da Espanha no Novo Mundo, Cuba, estava travando uma guerra pela independência, e embora Cuba estivesse tecnicamente isenta da Doutrina Monroe porque já era um território espanhol quando a Doutrina Monroe foi publicada, muitos americanos acreditavam que os Estados Unidos deveriam ficar do lado de Cuba contra a Espanha.

Inicialmente, o presidente republicano William McKinley queria evitar qualquer guerra e, por sua vez, a Espanha também queria evitar qualquer conflito com os Estados Unidos e sua poderosa marinha. No entanto, a Espanha também queria manter Cuba, que considerava uma província da Espanha e não uma colônia. Cuba também era muito importante para a economia espanhola, pois produzia commodities valiosas como o açúcar e também tinha um porto em expansão em Havana.

Enquanto isso, os interesses econômicos americanos estavam sendo prejudicados pelo conflito em curso entre os nacionalistas cubanos e a Espanha. O comércio de mercadores com Cuba estava sofrendo agora que a ilha estava passando por um conflito, e a imprensa americana capitalizou a luta cubana pela independência, que estava se intensificando continuamente desde 1868. Em um esforço para vender jornais, a imprensa frequentemente tornava as histórias sensacionalistas, que passaram a ser conhecidas como "jornalismo amarelo". Durante o período que antecedeu a guerra, o jornalismo amarelo espalhou histórias falsas sobre o conflito cubano para vender jornais no competitivo mercado de Nova York.

Apesar dos desejos do presidente McKinley de evitar

uma guerra, ele foi forçado a apoiar uma guerra com a Espanha depois que o navio da marinha americana USS Maine sofreu uma explosão no porto de Havana. McKinley havia enviado o navio para ajudar a proteger os cidadãos americanos em Cuba da violência que estava acontecendo lá, mas a explosão devastou o navio, que naufragou rapidamente no porto. 266 marinheiros americanos a bordo do USS Maine morreram.

Embora a causa da explosão nunca tenha sido determinada, jornalistas amarelos na imprensa americana culparam a Espanha, alegando que o navio fora sabotado. O presidente McKinley foi incapaz de resistir à pressão popular depois que um relatório da Marinha dos Estados Unidos também afirmou que o navio havia sofrido uma explosão fora de seu casco que incendiou depósitos de pólvora dentro do navio. As investigações posteriores se mostraram inconclusivas, mas o Presidente McKinley foi forçado a aceitar a guerra com a Espanha.

O Congresso declarou guerra e a Marinha dos Estados Unidos iniciou o bloqueio a Cuba e Porto Rico. A frota dos EUA no Pacífico navegou para as Filipinas, então uma possessão espanhola. Apesar dos problemas de abastecimento das bases navais existentes até então, a frota americana derrotou a frota espanhola em Manila.

Enquanto isso, o Exército dos EUA desembarcou 15.000

soldados em Cuba para lutar contra menos de 2.000 soldados espanhóis. O político nova-iorquino Theodore Roosevelt, que vinha defendendo a guerra com a Espanha para apoiar os revolucionários cubanos, ingressou no Exército dos Estados Unidos e participou de sua campanha em Cuba, tornando-se conhecido por sua participação junto aos "Rough Riders". Apesar da superioridade dos rifles espanhóis, eles foram oprimidos pelo número de forças do Exército dos EUA apoiadas por artilharia e metralhadoras Gatling.

Embora os espanhóis tenham lutado contra o Exército dos EUA até um impasse em Porto Rico, a Espanha foi forçada a concordar com a paz depois que a Marinha dos EUA destruiu suas frotas do Pacífico e do Atlântico. A derrota militar em Cuba significou que a Espanha teria que dar a Cuba sua independência, e a destruição de sua marinha significou que a Espanha teria que ceder suas colônias ultramarinas aos Estados Unidos. Posteriormente, os Estados Unidos obtiveram a posse das Filipinas, Porto Rico e Guam, marcando o verdadeiro início do imperialismo americano.

Capítulo 1: Conflito em Cuba

Colonizada em 1511, Cuba há muito era dominada pelo domínio espanhol. O povo nativo de Cuba, os Taino, foi em grande parte exterminado por doenças ou desespero. O domínio espanhol da ilha duraria quase 400 anos. O comércio e as relações cubanas, no entanto, eram frequentemente conduzidas com as colônias britânicas e, depois de 1776, com os Estados Unidos. O interesse dos Estados Unidos em Cuba como território e parceiro comercial era antigo. A começar por John Quincy Adams, vários presidentes americanos manifestaram interesse em comprar Cuba dos espanhóis, mas as ofertas sempre foram rejeitadas pelos espanhóis. Por um breve momento, os britânicos ocuparam Havana, dando aos colonos cubanos um gostinho da vida sem as duras políticas comerciais e tributárias da Espanha, que foram um resultado natural da dedicação inabalável da Espanha aos princípios do mercantilismo.

Apesar das questões entre a colônia e a pátria mãe, Cuba, "a Ilha Sempre Fiel", permaneceu leal à Espanha mesmo quando ela começou a perder o controle de suas possessões coloniais no início do século 19. Os Crioulos, como eram chamados os nativos cubanos, assim como os peninsulares (colonos nascidos na Espanha) sabiam que a escravidão era a chave para o sucesso da economia da ilha e assistiram a uma revolta de escravos no Haiti depois de um sucesso movimento de independência. Eles não queriam participar de revoluções sangrentas ou prosperidade perdida.

No momento em que a Guerra Civil dos Estados Unidos acabou, no entanto, um interesse crescente na independência cubana existia na ilha. Uma rebelião iniciada por um fazendeiro cubano e liderada por dois generais atraiu muitos cubanos para lutar contra a Espanha em um conflito que duraria dez anos, de 1868 a 1878. O conflito terminou com um tratado, mas outro levante (conhecido como a Pequena Guerra) ocorreu em 1879, provando que o desejo de independência não estava morto. Após os levantes políticos, mudanças em Cuba começaram a ocorrer à medida que o aumento dos pedidos de liberdade levou ao fim da escravidão em 1886: os preços do açúcar caíram, ameaçando os padrões socioeconômicos existentes e os direitos políticos dos Crioulos aumentaram.

Em 1892, José Martí, um jovem revolucionário exilado de Cuba, organizou o Partido Revolucionário Cubano (RPC) para unir os diversos grupos interessados na independência cubana. Os generais Máximo Gómez e Antonio Maceo, líderes da revolução de dez anos, voltaram a Cuba em fevereiro de 1895 para liderar uma guerra pela independência. Esta seria a guerra que trouxe os Estados Unidos à ação, a Guerra Hispano-Americana.

Atualmente, 24 de fevereiro é conhecido como o dia que marca o movimento em direção à independência cubana - Grito de Baire.

Marti

Gomez

Maceo

Após as vitórias iniciais dos insurgentes, o general espanhol Valeriano Weyler instituiu um programa destinado a quebrar a vontade dos revolucionários. Todos os cidadãos cubanos devem se mudar para "áreas espanholas fortificadas" ou estar abertos a ataques das forças espanholas. Esta mudança, destinada a evitar que os revolucionários recebessem qualquer ajuda possível do povo, foi desastrosa: "Em poucos meses, cerca de quatrocentos mil refugiados rurais entraram em locais de concentração que não estavam preparados para recebê-los. Os reconcentrados careciam de moradia, alimentação, saneamento e assistência médica. A fome e as doenças logo tomaram conta da ilha e, em 1897, os centros de concentração se tornaram campos de extermínio, com dezenas de milhares de pessoas morrendo e outras milhares vivendo sob ameaça."

Weyler

No final da década de 1890, os americanos estavam divididos em suas opiniões sobre a independência cubana. Alguns viam a independência como a realização dos sonhos de liberdade de outro grupo e uma chance de se livrar do colonialismo do qual muitos intelectuais nos Estados Unidos agora desejavam se distanciar. Ao mesmo tempo, muitos americanos tinham interesses comerciais diretos e indiretos em Cuba, e esses americanos geralmente favoreciam uma Cuba recém-autônoma que acabaria se vinculando aos Estados Unidos, não uma Cuba verdadeiramente independente. Esses americanos também temiam a destruição que o conflito em curso estava causando em suas propriedades e valores de propriedade.

Os cubanos também estavam divididos sobre as vantagens que um relacionamento com os Estados Unidos poderia trazer. Martí, Gomez e Maceo desconfiavam dos interesses dos EUA na Revolução, acreditando que os americanos desejavam muito mais a anexação do que a liberdade dos cubanos da Espanha. Outro revolucionário cubano, Estrada Palma, era muito mais simpático aos Estados Unidos, acreditando que Cuba se beneficiaria muito com os EUA como mercado para o açúcar e também como fonte de capital após o fim da guerra. Gomez e Palma também discordaram sobre a futura governança de Cuba, com o primeiro defendendo o autogoverno e o segundo acreditando que uma relação política com o governo dos Estados Unidos era essencial, já que era duvidosa a capacidade do povo cubano de se governar.

O general Gomez acreditava que, em parte, a revolução de dez anos sob sua liderança fracassou porque ficou isolada nas partes leste e montanhosas de Cuba. Para que a Espanha perca o interesse em manter seus direitos à ilha, Gomez raciocinou, a prosperidade de Cuba, sua capacidade de produzir capital e bens, devem ser destruídas. Assim, a revolução trouxe destruição para as plantações e plantações de propriedade de americanos e espanhóis. O estilo de luta também não seria ortodoxo. O aumento da capacidade dos espanhóis de lutar em uma guerra moderna, com arame farpado, trincheiras e artilharia, significava que os revolucionários teriam que confiar em táticas de guerrilha.

A Espanha passou por sérias convulsões em seu governo até 1895. Em 1875, a monarquia Bourbon foi restabelecida na Espanha, mas com restrições constitucionais. Os monarcas da Espanha agora enfrentavam um sistema bipartidário, um parlamento e mais pessoas com o poder de questionar as decisões do monarca do que nunca. A Espanha havia prometido maior autonomia e até representação aos cubanos em 1878, mas ela estava com muito medo de cumprir promessas que poderiam perturbar o status quo na Espanha, que tinha seus próprios grupos minoritários capazes de revolução.

Em 1895, o primeiro-ministro espanhol estava determinado a negociar o fim de uma terceira Revolução

Cubana. Martinos de Campos, representante da Espanha, entendeu que "o alcance da nova insurreição foi muito maior do que a anterior e que uma solução política modelada a partir de 1878 estava fora de questão". Em vez disso, o brutal Weyler foi escolhido e orientado a agir rapidamente para encerrar o movimento revolucionário antes que as coisas saíssem do controle. Porque muitos cidadãos cubanos estavam sofrendo com o desejo dos revolucionários de destruir a economia, ou viviam com medo de serem as próximas vítimas, muitos cidadãos cubanos saudaram a chegada de Valeriano Weyler. Sua reputação o precedeu. Ele seria aquele que daria um fim decisivo à revolução e traria a paz, que depois de anos de guerra interna com pouco ou nenhum resultado, parecia muito mais vantajosa do que promessas de autonomia e independência. Alguns também acreditavam que o fim da revolução significava a restauração da hierarquia social que as classes médias altas e médias de Cuba desejavam; que os proprietários de plantações, os comerciantes de tabaco e açúcar e os pequenos empresários continuassem a gozar de privilégios e poder político que permaneceram fora do alcance dos cidadãos cubanos mais baixos que tinham ideias perigosas sobre a igualdade que foram alimentadas por vários pensadores revolucionários sobre o anos. Weyler, embora considerado um "açougueiro" por muitos historiadores, era conhecido por sua disciplina rígida não apenas de seus homens, mas de si mesmo.

Quase abstêmio, Weyler recusou-se a tomar parte nas bebedeiras que seus colegas policiais praticavam regularmente. Como governador espanhol de várias ilhas, Weyler acreditava que o povo do Caribe se beneficiava de regras estritas, não do flerte com a independência. A riqueza pessoal de Weyler (adquirida em grande parte com sua vitória na loteria espanhola), histórico militar, alcançado com honras tanto na academia quanto no campo de batalha durante a revolução de dez anos, sua resistência à febre amarela após um apuro e seu compromisso com Cuba queria dizer que ele ficaria até que seu objetivo fosse alcançado. Em Guerra e Genocídio em Cuba, John Lawrence Tone registra uma discussão sobre a reputação de Weyler com um soldado perguntando a Weyler: "É verdade, meu general, que seus homens voltaram da batalha segurando as cabeças decepadas de seus inimigos pelos cabelos?" Weyler respondeu com uma evasão reveladora. "O que você acha que é guerra? Na guerra, os homens têm apenas um trabalho: matar. "

Os métodos de Weyler, embora não seus sucessos, foram criticados tanto durante sua estada nas Filipinas, reprimindo uma insurreição nativa contra o domínio espanhol, quanto em sua violenta resposta aos ultra-realistas que se rebelaram contra a nova monarquia constitucional da Espanha. Um padrão interessante desenvolvido em relação aos métodos de Weyler. Como Tone explica, "O governo espanhol precisava de um homem como Weyler para o trabalho sujo de controlar suas colônias. Uma carreira construída sobre o combate a insurgentes nos trópicos transformou Weyler e seus colaboradores mais próximos em algo que os espanhóis não gostavam de ver, mas em que precisavam confiar continuamente ".

O plano de Weyler para acabar com a revolução no oeste e centro de Cuba e isolá-la no leste e nas áreas montanhosas se prestou a uma estratégia inicial: "Ele dividiu a ilha em várias zonas de guerra, separadas por barreiras militares norte-sul de trincheiras, arame farpado e torres de vigia. Seu plano era concentrar suas forças no oeste para derrotar os insurgentes e usar as barreiras militares para impedir os reforços dos insurgentes do leste. Depois de restabelecer o controle do oeste, ele pretendia mover suas tropas para a parte central da ilha, onde acabariam com a insurgência, contendo assim as forças cubanas remanescentes na parte oriental da ilha, isolada por uma barreira militar ".

Weyler havia usado uma estratégia semelhante com sucesso inicial nas Filipinas e se cansou das críticas que recebera de seu próprio governo. Antes de concordar em retornar a Cuba, exigiu liberdade para perseguir o objetivo de acabar com a revolução e anunciou seu plano de realocar o povo cubano em áreas controladas pela Espanha. Weyler entregou uma mensagem à imprensa, prometendo que a atual insurreição cubana seria resolvida em dois anos, o que era uma meta irreal, considerando a extensão das divisões na ilha e a organização da oposição atualmente em vigor. Após sua chegada, Weyler viria a entender o quão irrealistas suas predicações haviam sido.

Quando Weyler chegou, havia muitos recepcionistas pró-espanhóis na capital, mas ele foi rapidamente informado das grandes incursões que os revolucionários haviam feito em todos os outros lugares. Weyler instituiu imediatamente um plano de três frentes para ganhar estabilidade: Primeiro, ele abriria mão de áreas que considerava indefensáveis para agregar exércitos maiores para defender posições-chave. Em segundo lugar, ele se concentraria em apenas uma área de cada vez, começando no oeste com o General Maceo e movendo-se para o leste. Em terceiro lugar, implementaria seu plano de reconcentração, deslocando para as cidades civis cubanos que considerava auxiliar os revolucionários. A primeira dessas estratégias teve mérito, mas foi impopular tanto em casa quanto entre os torcedores espanhóis na ilha. As guarnições de tropas defendendo plantações e propriedades individuais foram ineficazes em cumprir o objetivo maior da guerra - destruir a força revolucionária, mas conseguiram evitar a destruição de propriedades em alguns casos. Proprietários de ambos os lados do Atlântico exigiram que Weyler deixasse as guarnições no local para que seus interesses fossem defendidos.

Weyler tinha desprezo pelos jornalistas, mas muitas vezes não resistia a falar sobre si mesmo e seus planos para restaurar a ordem em Cuba em nome de seu país. Ele se descreveu como "um inimigo das publicações. Prefiro atuar, não falar. Estou aqui para restaurar a paz. Quando houver paz na terra, vou embora. Quando eu partir, os políticos reconstruirão Cuba e provavelmente perturbarão as coisas novamente até que estejam tão ruins quanto estão agora. Não me importo com a América, a Inglaterra, ninguém, mas apenas com os tratados que temos com eles. Eles são a lei. Eu observo a lei e cada letra da lei. Tenho minhas ideias sobre as relações de Cuba com a Espanha. Eu nunca os expressei. Alguns políticos concordariam com eles, outros não. Ninguém concordaria com todos eles. Eu sei que sou impiedoso, mas misericórdia não tem lugar na guerra. Eu conheço a reputação que foi construída para mim. As coisas que estão sob minha responsabilidade foram feitas por oficiais sob meu comando, e fui considerado responsável por todas as coisas na Guerra dos Dez Anos, incluindo seu final vitorioso. Não escondo o fato de que estou aqui apenas porque se acredita que posso esmagar esta insurreição. Eu não me importo com o que é dito sobre mim, a menos que

seja uma mentira tão grande a ponto de causar alarme. Eu
não sou um político. Eu sou Weyler. ”

Capítulo 2: McKinley e Cuba

McKinley

O predecessor de William McKinley, Grover Cleveland,
seguiu políticas rígidas de neutralidade em um mundo que
frequentemente favorecia a intervenção e a expansão. Ele
se recusou a anexar o Havaí em meio a sua turbulência e
seguiu a mesma política em Cuba, ignorando as

resoluções a favor da rebelião cubana que haviam sido aprovadas nas duas casas do Congresso. É digno de nota, no entanto, que a administração de Cleveland enviou uma advertência por escrito à Espanha em 1896, alertando que os Estados Unidos não seriam capazes de permanecer sem envolvimento no conflito a menos que as condições na ilha melhorassem. A Espanha respondeu explicando que as regras que governam o colonialismo significavam que a própria Espanha deveria cuidar do levante, e protestou junto ao departamento de estado de Cleveland que eles tinham a situação sob controle.

A prática de obstrução, ou de esconder e ajudar materiais para ajudar os revolucionários cubanos em "enseadas, enseadas e pequenas ilhas" ao longo da costa leste dos Estados Unidos, enfureceu a Espanha e forçou a marinha dos Estados Unidos a patrulhar os cidadãos americanos que buscavam navios contrabando para a ilha. Muitos desses cidadãos americanos eram ex-cubanos que fugiram ou foram exilados pela Espanha por causa da insurreição. Alguns clubes, como o "The Peanut Club" na cidade de Nova York, reuniam-se diariamente com expatriados para discutir as últimas notícias de Cuba com amendoim e cerveja. Os membros do clube criticaram a política de neutralidade de McKinley, mas também seu apoio a uma maior autonomia para Cuba, em vez de independência total.

McKinley enfrentou oposição à neutralidade por parte de membros republicanos e democratas da Câmara e do Senado também. Embora os membros da Câmara e do Senado tentassem repetidamente aprovar leis e resoluções de apoio aos revolucionários, McKinley sabia que havia potencial para tomar decisões politicamente impopulares, bem como para envolver os Estados Unidos em uma guerra longa e custosa. O biógrafo de Roosevelt, Jim Powell, acredita que McKinley chegou à presidência já decidido a envolver os Estados Unidos em Cuba, mas que sua personalidade e estilo de liderança tendiam ao lento e ao silencioso. Powell cita o secretário de guerra de McKinley, Elihu Root, lembrando-se de estar com McKinley "repetidas vezes antes de uma reunião de gabinete e descobrindo que estava decidido com firmeza. Ele então apresentaria o assunto ao gabinete de forma a não expressar sua própria decisão, mas ainda assim chegaria a um acordo exatamente nas linhas de suas próprias ideias originais, enquanto os membros muitas vezes pensavam que as ideias eram deles. "

Embora os interesses comerciais com investimentos correntes muitas vezes fossem contra a expansão, a situação em Cuba havia quase paralisado os negócios e a propriedade estava em risco. Além disso, os americanos que trabalhavam nas plantações cubanas corriam perigo, tendo seus suprimentos de alimentos cortados e, como sugeriam os partidários da ajuda imediata, enfrentando a fome.

Muitos americanos, bem como membros do governo McKinley, apoiaram a ação dos EUA em Cuba, bem como a expansão dos interesses dos EUA em outros lugares. Foi um período de grandes contrastes na América, com alguns adotando uma perspectiva isolacionista, mas muitos desejando um aumento da influência americana e até de posses ao redor do globo. Um desses homens foi o Secretário de Estado de McKinley, nomeado em março de 1897. John Sherman foi considerado por alguns velho demais para o cargo aos 74 anos, e havia acusações de que Sherman havia sido nomeado para o cargo para liberar sua cadeira no Senado para um apoiador de McKinley. Sherman acreditava firmemente que a intervenção americana em Cuba era inevitável e tentou influenciar McKinley a abordar a necessidade dela em seu discurso de posse. Embora parecesse que ele suavizou seu tom para o Presidente McKinley, uma viagem do Presidente ao Lago Champlain deu a Sherman a oportunidade de falar à imprensa em nome do Departamento de Estado, sem a supervisão usual de McKinley. Sherman declarou abertamente sua posição de que Cuba acabaria por conquistar a independência, junto com outras declarações que pareciam contradizer a reputação de McKinley de uma resposta comedida às questões de política externa.

Sherman

McKinley e muitos no Congresso esperavam que os espanhóis concedessem autonomia a Cuba, estabelecendo uma relação entre a Espanha e a ilha semelhante à da Grã-Bretanha e do Canadá. Isso era frequentemente referido por conhecedores como um "esquema de autonomia", mas muitos duvidavam que os espanhóis algum dia concordassem com tal acordo: "Ela segurou Cuba por muito tempo para liberá-la, mesmo que parcialmente agora." Fitzhugh Lee, nomeado por Cleveland e mantido por McKinley como cônsul-geral americano em Havana advertiu: "Ninguém que esteja bem familiarizado com as condições existentes agora tem qualquer esperança de que a Espanha possa conceder reformas aproximando, mesmo, à autonomia canadense, como é tão frequentemente mencionado." Apelos poderiam ser feitos aos espanhóis através de intermediários de ambos os lados do Atlântico, mas quão eficazes eles seriam?

Enrique de Lome foi o ministro espanhol dos Estados Unidos. De Lome interpretou a lentidão de McKinley em agir (apesar dos muitos elementos pró-cubanos em seus círculos) para significar que "a nova administração parecia bem disposta em relação às promessas de parada da Espanha para reformar Cuba." Em vez disso, McKinley estava tomando seu tempo para reunir fatos sobre a situação de Cuba, até mesmo enviando um amigo como um emissário privado para relatar a situação cubana em maio. McKinley, como muitos presidentes e diplomatas anteriores, teria preferido comprar Cuba de imediato, evitando os conflitos diplomáticos ou militares que certamente viriam. Mas os espanhóis eram imóveis neste ponto: "Espanha não é uma nação de comerciantes capazes de vender sua honra." No final do verão, o emissário de McKinley confirmou as mensagens que a administração estava recebendo de Fitzhugh Lee. Cuba estava devastada, as condições eram terríveis, e a situação era invencível sem qualquer intervenção de terceiros ou um dos lados ficando exausto financeiramente. Embora McKinley pretendesse fazer uma declaração mais formal das intenções americanas em relação a Cuba e Espanha em setembro, através de seu recém-nomeado embaixador estrangeiro em Madri, uma carta para De Lome veio primeiro. A carta de McKinley esboçou cinco pontos importantes. Primeiro, que os direitos humanos eram superiores aos direitos das entidades políticas, segundo, que a política de reconcentração dos cubanos chegaria ao fim, terceiro, de que as condições pacíficas retornariam à ilha para evitar que mais destruição de propriedades, em quarto lugar, que o povo cubano e americano fosse prevenido com necessidades básicas, e por último que as vidas dos cubanos seriam melhoradas para evitar que uma rebelião política acontecesse novamente. A Espanha respondeu simplesmente que o assunto estava entre a Espanha e sua posse, e que a opinião americana não tinha qualquer influência sobre o assunto.

Antes de Stuart Woodford, o novo embaixador espanhol, chegar à Espanha, o primeiro-ministro espanhol Antonio Canovas del Castillo foi assassinado e o governo foi substituído por um novo governo, e McKinley esperava um novo tom sobre Cuba. McKinley ordenou que Woodford apresentasse a posição americana sobre Cuba como a de um país que não está disposto a ir para a guerra e esperando um acordo pacífico para o assunto, que só poderia ser alcançado através da concessão da autonomia cubana.

Em dezembro de 1897, De Lome enviou uma carta a um amigo pessoal, altamente crítico de McKinley, seu recente estado de discurso sindical, e do processo político: "A situação aqui permanece a mesma. Tudo depende do resultado político e militar em Cuba... Além da franqueza arraigada e inevitável (grosseria) com a qual se repete tudo o que a imprensa e a opinião pública na Espanha têm dito sobre Weyler, ele mostra mais uma vez o que McKinley é, fraco e um licitante para a admiração da multidão além de ser um político futuro (politicastro) que tenta deixar uma porta aberta para trás enquanto mantém bons termos com os outros de seu partido."

A carta, com sua linguagem contundente que era altamente inflamatória e embaraçosa para o presidente, destacou as más relações entre os EUA e a Espanha e aumentou as tensões. Quando a nova administração espanhola finalmente anunciou novas e mais moderadas políticas em relação a Cuba, a reação da imprensa americana foi mais do que cética. Eles viram os novos planos para a governança de Cuba como pouco mais do que uma manobra de relações públicas, e criticaram-no por não dar ao povo cubano nenhuma palavra real em seu próprio destino, uma vez que os governantes da nova Cuba responderiam a um governador e um conselho espanhol. Em janeiro de 1898, o Congresso aplicou ainda mais pressão sobre McKinley para tomar medidas abertas sobre Cuba, seja sob a forma de simples reconhecimento de beligerantes, ajuda ou mesmo anexação total. McKinley recusou esses caminhos no imediato, mas ele estava ficando cansado da inação espanhola e da lentidão com que eles fizeram bem nas reformas prometidas. Ele advertiu: "Ao longo de todos esses horrores e perigos para nossa própria paz, este Governo nunca revogou de forma alguma sua prerrogativa soberana de reservar a si mesmo a determinação de sua política e curso de acordo com seu próprio alto senso de direito e em consonância com os mais queridos interesses e convicções do nosso próprio povo caso a prorrogação da luta assim exija."

Capítulo 3: Jornalismo Amarelo

Como a causa dos revolucionários cubanos se tornou a causa dos americanos? A Guerra Hispano-Americana oferece, talvez melhor do que qualquer outra, uma oportunidade de ver o papel da imprensa e da opinião pública em trazer um país à guerra. Os dois principais jornalistas de sua época, Joseph Pulitzer e William Randolph Hearst ficaram conhecidos como "Jornalistas Amarelos". A veracidade dos relatórios, bem como a ética dos envolvidos e simpatizantes do jornalismo amarelo nos anos anteriores e após a explosão do Maine e a declaração de guerra pelos Estados Unidos provocou controvérsia na época, e continuam a fazê-lo entre os historiadores.

Hearst

Pulitzer

O termo jornalismo amarelo foi cunhado em 1896 ou 1897, dependendo de qual das várias lendas concorrentes sobre a origem do termo é acreditado. Uma versão tem o termo creditado à luta entre Hearst e Pulitzer para atrair um cartunista, cujo personagem mais popular era "o garoto amarelo", para seu jornal. A pressa dos jornais rivais em caracterizar os jornais de alta venda que desaprovavam ajudou o uso do termo a se espalhar rapidamente.

Já na década de 1930, o historiador Marcus Wilkerson começou a questionar os motivos e práticas do Mundo de Nova York do Pulitzer e do Hearst New York Journal ao relatar o confronto entre Espanha e guerrilha cubana: "... Muitas das notícias sobre o desastre e os desenvolvimentos subsequentes foram baseadas em rumores ou "falsificadas" tem sido mostradas com frequência."

Wilkerson também observa que sem a participação voluntária de políticos "jingo", a campanha teria sido "muito menos eficaz." O termo jingo foi originalmente feito como um termo de escárnio, mas alguns o levaram a passos largos, ou mesmo como um distintivo de honra. Roosevelt não parecia se importar com o termo, que tinha se originado na política britânica: "Se por 'jingoísmo' eles significam uma política em perseguição da qual os americanos vão com resolução e bom senso insistir em que nossos direitos sejam respeitados por potências estrangeiras, então somos 'jingoes'", disse ele em 1895. Logo após a nomeação de Roosevelt por McKinley para secretário adjunto da marinha, Roosevelt expressou sua frustração com aqueles que não viam o valor em tomar o Havaí e Cuba, usando o termo: "Eu desejo ao céu que fomos mais jingo sobre Cuba e Havaí."

Alguns colegas jornalistas protestaram contra a reportagem, chamando-a de "mentiras" e lamentando não apenas as implicações para as relações americanas com a Europa, mas o tom do jornalismo em si: "O problema é que a mentira é tão diabólica que perverte até mesmo palavras de verdade e sobriedade que qualquer homem são e honesto pode falar. Felizmente, a mentira foi feita em uma escala tão monstruosa que nada que esses jornais dizem agora é creditado por qualquer homem racional sem confirmação independente. Mas os mentirosos vão para o lago de fogo preparado para eles. Alguns anos atrás, a simples visão de um jornal se levantou neste estilo extraordinário, com manchetes no tipo de pôster de bill atingindo bastante através da página, teria iniciado um pânico. As pessoas teriam inferido que nada menos do que uma condição mais perigosa dos assuntos poderia ter levado o editor a demonstrações tão incomuns de alarme. Agora eles são lidos com toda a passividade, mesmo que eles declarem a guerra iminente... O novo jornalismo tem aumentado constantemente o tom de sua gritaria até atingir o limite mais alto possível. Quanto mais alto ele grita; menos atenção é dada a ele. O que restaria para ele fazer em caso de perigo real, ou uma guerra real, é difícil imaginar. Os recursos do tipo foram esgotados. Nada no caminho de letras maiores pode ser usado, a menos que apenas uma única manchete seja dada na primeira página. A tinta vermelha foi recorrida como um elemento adicional de atração ou terror, e se tivéssemos uma guerra, todo o papel poderia ser impresso em vermelho, branco e azul. Nesse caso, os lunáticos reais em vez de imitação devem ser empregados como editores e colaboradores."

Hearst tem sido frequentemente acusado de levar a América à guerra com a Espanha em 1898. Uma das histórias mais conhecidas popularmente sobre Hearst é supostamente ter se gabado a Frederic Remington, um fotógrafo que ele havia enviado para Cuba junto com muitos outros que ele esperava que forneceria em primeira mão evidências das atrocidades que estão acontecendo lá. Remington enviou um telégrafo para Hearst logo depois de chegar a Cuba: "Tudo é tranquilo. Não há problemas aqui. Não haverá guerra. Eu desejo voltar. A resposta de Hearst supostamente voltou: "Por favor, permaneçam. Você fornece as fotos e eu forneço a guerra." Muitos escritores modernos, incluindo W. Joseph Campbell em seu Jornalismo Amarelo: Abordando os Mitos, Definindo os Legados, conta tanto esta história quanto a ideia afirma por trás dela como mito. O próprio Hearst acusou os jornais que o acusaram de tentar levar o país à guerra sob falsos pretextos eram, de fato, invejosos e até mesmo dispostos a relatar os acontecimentos reais em Cuba: "A razão pela qual o velho jornalismo não gosta de The Journal é que The Journal recebe a notícia, custe o que custar. The Sun e seu tipo não podem gastar dinheiro desde The Journal tirou seus leitores deles, e a probabilidade é que eles não o fariam se pudessem pagar", escreveu . A opinião de Campbell é que, embora o jornalismo amarelo fosse de fato um fenômeno novo e importante, não poderia ter levado os Estados Unidos à guerra com a Espanha: "Indiciar a imprensa amarela por causar a Guerra Hispano-Americana é interpretar mal as evidências e ignorar os meandros do dilema diplomático que culminou na primavera de 1898 em um impasse que levou à guerra." Campbell refere-se àqueles que creditam excessivamente a esses jornalistas com níveis de influência que não tinham a "escola de efeitos poderosos", e argumenta que o registro histórico não suporta que os tomadores de decisão de alto nível foram influenciados por jornalistas amarelos no grau necessário para essa teoria.

O New York World e New York Journal regularmente apresentavam histórias de atrocidades espanholas em suas primeiras páginas, aumentando a tensão entre os governos espanhol e americano. Se essas histórias eram ou não falsas, a natureza exagerada e unilateral com a qual foram entregues garantiu que muitos americanos reagiriam com horror, e que, ironicamente, procurariam mais na próxima edição. Algumas das histórias mais famosas incluíam a de Evangelina Cisneros, uma femme fatale cubana, e Ricardo Ruiz, um dentista cubano-americano separado de sua família, preso e eventualmente morto.

Às vezes, a imprensa amarela abanava as chamas da

guerra, mas eventos internacionais também vendiam jornais. Na semana que se seguiu ao naufrágio do Maine, o Hearst's New York Journal aumentou as vendas de 400.000 para 1.000.000.

William James acreditava que a guerra com os espanhóis tinha se tornado uma necessidade, mas, em parte, culpou a imprensa amarela por fazê-la assim: "As abominações da imprensa literalmente superaram toda a crença, e a palavra GUERRA em enormes capitais repetida por dois meses passados em cada primeira página dos 'noticiários diários' tem finalmente a oportunidade de produzir seu efeito sugestivo... [A guerra] deve vir para aliviar a tensão... as pessoas são realmente loucas por isso agora, para seu próprio bem.

Capítulo 4: O Naufrágio do USS Maine

O USS Maine entrando no porto de Havana três semanas antes da explosão

Uma visão do USS Maine da popa

McKinley aderiu aos pedidos de seu secretário adjunto da Marinha, Theodore Roosevelt, bem como de Fitzhugh Lee, quando colocou o encouraçado USS Maine no porto de Havana "como "um ato de cortesia amigável" para o povo cubano" em 25 de janeiro. Os tumultos começaram nas ruas de Havana em 15 de janeiro. Lee esperava que um navio de guerra americano acalmas a situação. Menos de um mês depois, um evento que colocou a América bem no caminho da guerra ocorreu em vez disso.

O Capitão Sigsbee do USS Maine recebeu ordens

surpreendentes para ir em direção a Key West e de lá, para o Porto de Havana em janeiro de 1898. Os espanhóis haviam avisado, através de Lome, que a presença do navio seria vista como agressão, mas como Sigsbee mais tarde insistiu, suas "ordens eram para prosseguir para Havana e fazer uma visita amigável. A situação parecia exigir nada mais do que uma estrita adesão ao procedimento naval e cortesia, por causa da insurreição persistente, e os cidadãos americanos alarmados por sua própria segurança, os Estados Unidos decidiram mostrar sua bandeira de um navio público em águas cubanas."

Dadas as circunstâncias que os homens do Maine observaram dentro e fora da terra, Sigsbee tomou a precaução de colocar guardas extras dentro e perto do navio. Mais tarde, ele gravou: "O oficial do convés foi acusado por mim de fazer relatórios detalhados, mesmo em assuntos menores, agindo sob a suspeita de que poderíamos estar em um porto hostil. Eu pessoalmente instruí o mestre de armas e o sargento ordenador a manter um olhar cuidadoso em cada visitante que veio a bordo, e cobrar seus próprios subordinados para o mesmo propósito. Instruí-os a acompanhar os visitantes a uma distância adequada sempre que o navio fosse visitado; eles foram cuidadosamente observar quaisquer pacotes que possam ser colocados ou deixados pelos visitantes, na suposição de que dinamite ou outros explosivos poderiam ser usados. Eles também foram obrigados a inspecionar as rotas sobre as quais os visitantes passaram. ... A alegação de minhas próprias ordens e instruções era que deveríamos considerar o Maine em uma posição exigindo vigilância extrema, e exigindo uma rotina bem sustentada tanto de dia quanto de noite."

Enquanto o sol se punhia no porto de Havana na noite de 15 de fevereiro, nem Sigsbee nem nenhum membro da tripulação tinha motivos para se sentir extraordinariamente nervoso. Por sua vez, o capitão se estabeleceu em seus aposentos e começou a trabalhar em alguns documentos necessários. Mais tarde, ele escreveu: "Eu estava em meus aposentos, sentado no lado posterior da mesa no porto ou na cabine dos almirantes. Cerca de uma hora antes da explosão eu tinha completado um relatório solicitado pelo Sr. Theodore Roosevelt, Secretário Assistente da Marinha, sobre a conveniência de continuar a colocar tubos de torpedo a bordo de cruzadores e navios de batalha."

Um dos tubos de torpedo do Maine

Depois de completar seus deveres oficiais, Sigsbee em seguida virou seu coração e pensamentos para casa. Ele continuou: "Eu então escrevi uma carta para casa, na qual eu lutei para me desculpar por ter carregado no meu bolso por dez meses uma carta para minha esposa de um de seus amigos de longa data. O atendente da cabine, James Pinckney, tinha me trazido, cerca de uma hora antes, um casaco fino de um civil, por causa do calor predominante; Eu tinha tirado minha blusa, e estava usando este casaco pela única vez durante o cruzeiro. No bolso eu tinha encontrado a carta não aberta e não entregue.

O silêncio a bordo do Maine foi quebrado por volta das 9h40 daquela noite por uma terrível explosão, e por sua vez, Sigsbee sabia imediatamente o que tinha acontecido. Ele esteve em muitas batalhas para não reconhecer os sons de um navio que tinha sido terrivelmente danificado, e ele descreveu seus pensamentos: "A situação não poderia ser equivocada: o Maine foi explodido e afundado. Por um momento, o instinto de autopreservação tomou conta de mim, mas isso foi imediatamente dominado pelo hábito de comando. Subi o convés inclinado para a cabine de estibordo, em direção aos aeroportos de estibordo, que foram levemente aliviados contra o céu. As aberturas eram grandes. Minha primeira intenção era escapar por um porto aéreo, mas isso foi abandonado em favor da maneira mais digna de fazer uma saída pela passagem que leva adiante através da superestrutura. Eu tateei meu caminho através da cabine para a passagem, e ao longo da passagem para a porta externa. A passagem virou para a direita, ou estibordo, perto da parte dianteira da superestrutura. ... À noite era o costume a bordo do Maine fechar todos os compartimentos apertados da água, exceto os poucos necessários para pagar a passagem para a tripulação. Eles tinham sido relatados fechados como de costume naquela noite. Nas claraboias da cabine o ar podia ser ouvido assobiando através das costuras das portas e escotilhas, indicando que o impacto tinha sido tão grande que permitiu a água entrar nos compartimentos."

John J. Blandin foi um dos poucos homens a ser ferido pela explosão e viver para contar a história. Mais tarde, ele escreveu: "Eu estava de vigia, e quando os homens tinham sido canalizados abaixo eu olhei para baixo as escotilhas principais e sobre o lado do navio. Tudo estava absolutamente normal. Caminhei à popa até o convés do quarto atrás da torre traseira, como é permitido depois das 8 horas da noite, e sentei-me no lado do porto, onde eu permaneci por alguns minutos. Então, por alguma razão eu não posso explicar para mim mesmo agora, eu me mudei para o lado estibordo e sentei lá. Eu estava me sentindo um pouco triste, e na verdade estava tão quieto que o Tenente J. Hood veio e perguntou rindo se eu estava dormindo. Eu disse: "Não, estou de guarda." Mal tinha falado quando veio um rugido maçante, mal-humorado. Faria a Deus o que eu pudesse para apagar o som e as cenas que se seguiram. Então veio uma forte explosão - alguns dizem numerosas detonações. Só me lembro de uma. Pareceu-me que o som veio do lado da porta para a frente. Então veio uma chuva perfeita de mísseis de todas as descrições, de enormes pedaços de cimento a blocos de madeira, grades de aço, fragmentos de grades, e todos os detritos que seriam destacáveis em uma explosão."

Ironicamente, aqueles que não estavam a bordo do navio tiveram uma melhor olhada no que aconteceu do que aqueles que estavam no meio da explosão. Havana era um porto ocupado, e havia muitas pessoas nos decks de vários navios naquela noite que mais tarde compartilhariam o que viram naquela noite. Um deles foi o Capitão Frederick G. Teasdale, mestre do navio britânico Devay, e lembrou que estava "sentado à mesa da cabine escrevendo quando ouvi a explosão, pensei que o navio tinha colidido. Corri no convés quando ouvi a explosão. ... Os travessões das portas da cabine são montados nas laterais, e eles foram derrubados com o choque. O primeiro parecia ser um tiro, e depois um segundo, ou provavelmente dois segundos, após o primeiro relato que ouvi, ouvi uma tremenda explosão; mas assim que ouvi o primeiro relato, - era muito pequeno, - pensando que algo tinha acontecido com o navio, eu corri para o convés, e estava no convés bem a tempo de ver todos os destroços subindo no ar. O pessoal subiu, devo dizer, cento e cinquenta ou cento ou sessenta pés no ar. Parecia ir comparativamente em linha reta até que atingiu seu ponto mais alto de ascensão; em seguida, dividiu-se e passou em tipos de rolos ou nuvens. Então eu vi uma série de luzes voando dele novamente. Algumas delas eram luzes - luzes incandescentes. Às vezes eles pareciam ser mais brilhantes, e às vezes eles pareciam ser escuros, como eles passaram através da fumaça, eu deveria presumir. A cor da fumaça, devo dizer, era uma cor de ardósia muito escura. Havia 15 a 20 dessas luzes que pareciam luzes incandescentes. A fumaça não parecia ser preta, como você imaginaria de uma explosão como essa, parecia ser mais uma cor de ardósia. Quantidades de papel e pequenos fragmentos caíram sobre o navio, e por algum tempo depois.

Enquanto Sigsbee reagia à explosão, os marinheiros a bordo estavam tentando determinar por si mesmos o que tinha acontecido e o que eles deveriam fazer a seguir. Blandin lembrou: "Fui atingido na cabeça por um pedaço de cimento e derrubado, mas não me machuquei, e me levantei em um momento. O Tenente Hood correu e, eu suponho, enquanto seguia, ele estava atordoado com o choque e prestes a pular ao mar. Eu o saudei, ele respondeu que ele tinha que correr para ajudar a baixar os barcos. Quando cheguei lá, embora escasso um minuto poderia ter passado, eu tive que nadar na água até os joelhos, e quase instantaneamente o convés do quarto estava inundado. Eu encontrei o Capitão Sigsbee, calmo, e logo todos os oficiais, exceto Jenkins e Merritt se juntaram a nós. Ao mesmo tempo, Sigsbee observou que alguns dos tripulantes permaneceram profissionais durante a crise, quase com uma falha: "Na virada, alguém me encontrou violentamente.Perguntei quem era. Era o soldado William Anthony, na porta da cabine. Ele disse algo de desculpas, e relatou que o navio tinha sido explodido e estava afundando. Ele foi orientado a sair no convés, e eu o segui. Anthony foi retratado como fazendo uma saudação extremamente formal naquela ocasião. O efeito dramático de uma saudação não pode aumentar seu heroísmo. Se ele tivesse feito uma saudação não poderia ter sido visto na escuridão daquele compartimento Anthony fez todo o seu dever, em grande risco pessoal, em um momento em que ele poderia ter evitado o perigo sem questionar, e merecia toda a comenda que recebeu por seu ato. Ele pendurado perto de mim com zelo incansável e vigilância naquela noite até que o navio foi abandonado.

Uma coisa que Sigsbee já sabia era que o porto era raso, o que significa que mesmo quando o navio afundou e se estabeleceu no fundo, grande parte do convés permaneceria acima das ondas suaves. Portanto, ele poderia dar ao luxo de levar seu tempo e se preparar para sair de forma ordenada. Primeiro, no entanto, ele precisava ter certeza de que não haveria mais explosões: "Logo foi necessário se retirar do convés principal, pois a parte posterior do navio estava afundando rapidamente. Então subi no deck. A essa altura, o Tenente-Comandante Wainwright e outros estavam perto de mim. Todo mundo ficou impressionado com a solenidade do desastre, mas não havia excitação aparente; disciplina perfeita prevaleceu. A pergunta foi feita muitas vezes se eu acreditava então que o Maine foi explodido do lado de fora. Minha resposta para isso foi que minha primeira ordem para chegar ao convés foi postar sentinelas sobre o navio. Eu sabia que o Maine tinha sido explodido, e acreditava que ela tinha sido explodida do lado de fora. Portanto, ordenei uma medida que tinha a intenção de se proteger contra o ataque."

Infelizmente, o Maine perdeu a maioria de seus botes salva-vidas na explosão, o que dificultou significativamente os esforços de resgate. Sigsbee relatou: "À medida que meus olhos se acostumaram mais com a escuridão, pude ver, mal, formas brancas na água, e ouvir gritos fracos de socorro. Percebendo que as formas brancas eram nossos próprios homens, os barcos foram abaixados imediatamente e enviados para a ajuda dos homens feridos e afogados. Ordens foram dadas, mas não eram necessárias: a inteligência engenhosa dos oficiais sugeria medidas corretas na emergência. Apenas três dos nossos quinze barcos estavam disponíveis - a barcaça, o show do capitão, e o barco de baleias. A barcaça ficou gravemente danificada. Dois deles eram tripulados por oficiais e homens em conjunto. Quanto tempo eles ficaram fora da navio eu não me lembro, mas provavelmente quinze minutos. Aqueles de nós que foram deixados a bordo permaneceram calmamente no deck.

Felizmente, a cidade de Washington também enviou

vários navios para ajudar, e um dos homens a bordo, Sigmund Rothschild, escreveu sobre a resposta daquele navio após a explosão: "Ficamos enfeitiçados, e choramos pelo capitão [da cidade de Washington]. O capitão deu ordens para baixar os barcos, e dois dos barcos, que foram parcialmente abaixados, foram encontrados quebrados com grandes buracos. Algumas peças de ferro caíram através deles. Naturalmente, isso fez um atraso, e eles tiveram que correr para os outros barcos, ou então teríamos sido alguns minutos mais cedo na água. Então a popa se destacou assim, nessa direção [indicando], e houve um grito do povo: Ajuda!e "Senhor Deus, ajude-nos!"e 'Socorro!Ajuda!O barulho do grito da massa de vozes humanas no barco [Maine] não durou mais de um minuto ou dois. Quando o navio estava afundando, houve o grito de uma massa de pessoas, mas isso foi um murmúrio. Isso não era tão alto como as vozes únicas que estavam na água. Isso não durou mais de um minuto, e por esse tempo vimos alguém no convés na popa do navio, e levou cerca de alguns minutos quando os barcos começaram a trazer os oficiais. Nós os levamos para nossos quartos. Muitos deles vieram sem nada, nada mais do que um par de calças.

Logo ficou óbvio que o Maine nunca mais flutuaria, e naquele momento, tudo o que restou para o capitão e a tripulação era se preparar para abandonar seu navio.

Sigsbee observou: "Nada mais poderia ser feito; o navio estava se estabelecendo rapidamente. Havia um homem ferido; ele tinha sido arrastado debaixo de um ventilador no convés principal pelos tenentes Hood e Blandin enquanto a água estava subindo sobre ele. Outros barcos, também, estavam resgatando os feridos e homens se afogando. Entre eles estavam os barcos do Alfonso XII, e do navio a vapor Cidade de Washington. Os barcos visitantes tinham chegado prontamente, e fizeram grandes esforços para salvar os feridos. Os oficiais espanhóis e a tripulação fizeram tudo o que a humanidade e a galanteio podiam. Durante a ausência de nossos barcos, o fogo nos destroços da superestrutura central tornou-se mais feroz. A munição sobressalente que tinha sido guardada na casa do piloto ou jogada para cima estava explodindo. Continuou a explodir em intervalos até quase duas horas da manhã. Foi um duro golpe ser obrigado a deixar o Maine; nenhum de nós desejava sair enquanto qualquer parte de seu casco estivesse acima da água. Esperamos até que o navio atingisse o fundo do porto.

Uma foto dos destroços

Uma vez que todos os sobreviventes que poderiam ser encontrados foram resgatados, o capitão e a tripulação do navio puderam finalmente deixar o Maine . A ideia de um capitão descendo com seu navio é romântica, mas certamente não é prática, especialmente quando os países gastam muito tempo e dinheiro treinando homens de combate, especialmente oficiais. Assim, ninguém questionou a evacuação de Sigsbee, que mais tarde ele descreveu: "O tenente-comandante Wainwright então sussurrou para mim que ele achava que a parte da frente de dez polegadas tinha sido lançada no material em chamas e poderia explodir a qualquer momento, com efeitos mais desastrosos. Ele foi então orientado a colocar todos nos barcos, o que foi feito. Foi uma operação fácil; um tinha apenas que pisar diretamente do convés para o barco. Ainda havia algum atraso para ter certeza de que a popa do navio tinha aterrado, e ainda mais por causa da extrema polidez dos oficiais, que, atenciosamente me ofereceram uma mão firme para entrar no barco. Tenente-comandante Wainwright estava de um lado e tenente Holman do outro; cada um me ofereceu uma mão. Eu sugeri a decência de eu ser o último a sair, e pedi-lhes para me preceder, o que eles fizeram.

Uma vez que os sobreviventes estavam a bordo da cidade de Washington , Sigsbee imediatamente voltou sua atenção para seus próximos deveres; mesmo antes da fumaça ter abaixado, o capitão já estava ocupado fazendo perguntas a seus oficiais, como mais tarde explicou: "Atualmente, o Tenente-Comandante Wainwright veio até mim e informou que nossos barcos tinham retornado ao lado do navio na popa, e que todos os feridos que poderiam ser encontrados tinham sido reunidos e enviados para o cruzador espanhol e a cidade de Washington e para outros lugares. A parte posterior do Maine, o ponto mais alto intacto acima da água, foi então nivelada enquanto o barco estava na água ao lado. Tínhamos feito tudo o que podia ser feito, tanto quanto podia ser visto. Eu fiquei por um momento no lado estibordo do convés principal, para a frente da superestrutura, olhando para a imensa massa escura que pairava no meio de navios, mas não podia ver nada distintamente. Lá eu permaneci por alguns segundos em um esforço para entender a situação, e então pedi a Anthony a hora exata. Ele respondeu:"A explosão ocorreu às 9h40, senhor."

Sigsbee também tinha responsabilidades com seus superiores: "Caminhei entre os feridos alguns minutos, e passei mais alguns assistindo a explosão de munição a bordo do Maine. Então fui à cabine do capitão e compus meu primeiro telegrama ao Departamento da Marinha. Eu já tinha orientado que uma reunir dos sobreviventes, e tinha enviado um pedido ao capitão do Alfonso XII para que ele mantivesse um ou mais barcos de patrulha sobre o naufrágio. As relações entre os Estados Unidos e a Espanha atingiram uma condição de tensão tão extrema que a paciência do povo dos Estados Unidos estava quase esgotada. Percebendo isso totalmente naquela noite, temi o resultado das primeiras impressões do grande desastre em nosso povo, pois achei necessário reprimir minhas próprias suspeitas. Eu desejei a eles, como uma questão de orgulho nacional e dever, para tomar tempo para consideração. Oficiais navais, nada menos que outros cidadãos, têm confiança ilimitada no julgamento sóbrio do povo dos Estados Unidos."

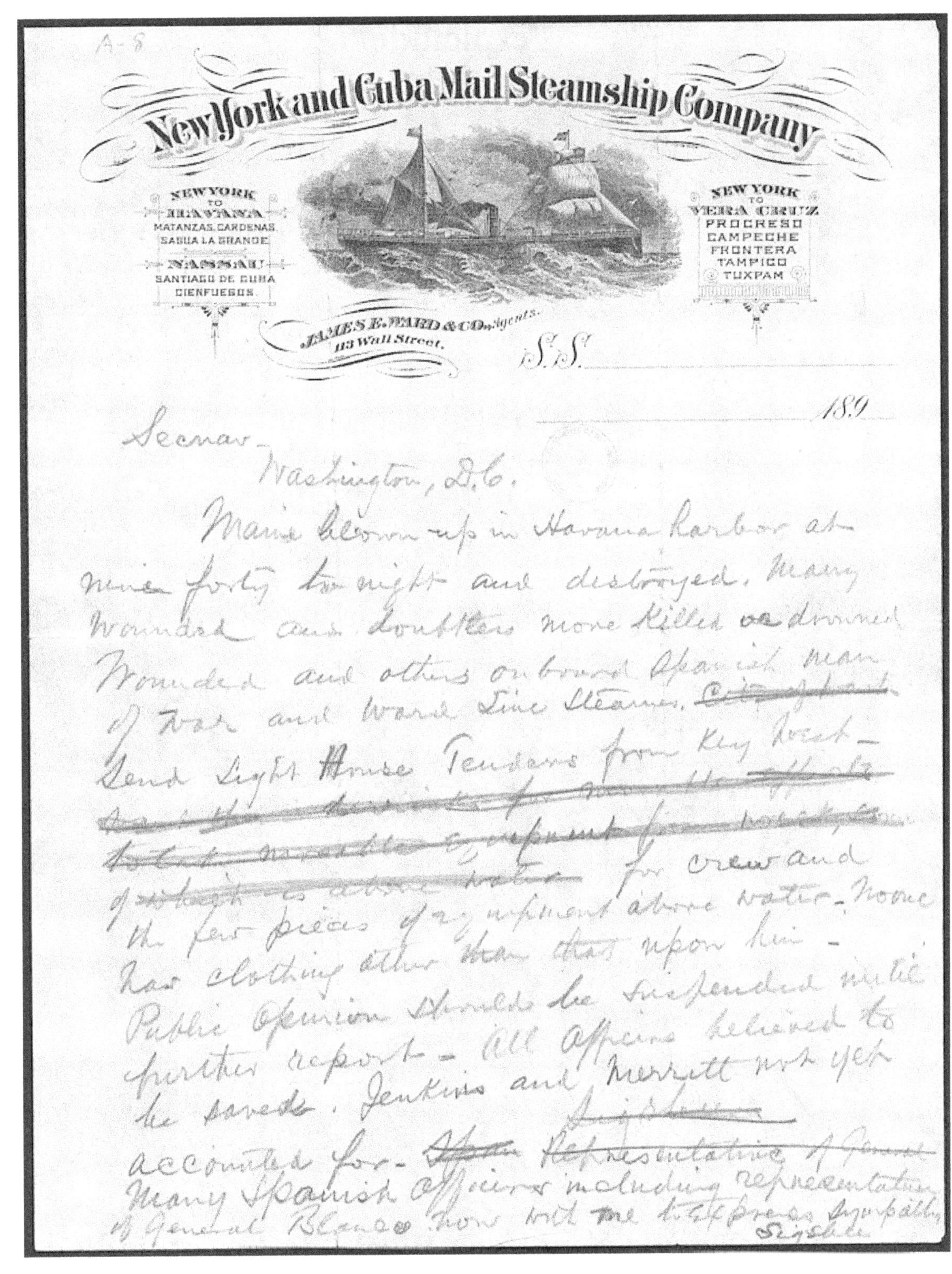

New York and Cuba Mail Steamship Company

NEW YORK TO HAVANA
MATANZAS, CARDENAS,
SAGUA LA GRANDE
NASSAU
SANTIAGO DE CUBA
CIENFUEGOS

NEW YORK TO VERA CRUZ
PROGRESO
CAMPECHE
FRONTERA
TAMPICO
TUXPAM

JAMES E. WARD & CO., Agents.
113 Wall Street.

S.S. ______

189_

Secnav —
Washington, D.C.

Maine blown up in Havana harbor at nine forty tonight and destroyed. Many wounded and doubtless more killed or drowned. Wounded and others on board Spanish man of war and Ward Line steamer. Send light house tenders from Key West — for crew and the few pieces of equipment above water. None has clothing other than that upon him. Public opinion should be suspended until further report. All officers believed to be saved. Jenkins and Merritt not yet accounted for. Many Spanish officers including representative of General Blanco now with me to express sympathy.

Sigsbee

O telegrama de Sigsby ao Secretário da Marinha
após a explosão informou-o que o Maine foi

<h1 style="text-align:center">"explodido"</h1>

A manchete do New York World de Joseph Pulitzer desmentiu o fato de que Pulitzer admitiu em particular que "ninguém fora de um manicômio" deveria acreditar que a Espanha era responsável.

A manchete do Jornal de Nova York de William Randolph Hearst

Sigsbee permaneceu em Cuba, tentando se preparar para as muitas investigações que se seguiriam à explosão. Ele também fez um relatório oficial à Marinha, cabendo ao Secretário da Marinha: "Informe o envio de navios de naufrágio imediatamente. Maine submerso, exceto detritos. A maioria trabalha para mergulhadores agora. Jenkins e Merritt ainda estão desaparecidos. Pouca esperança para a segurança deles. Os conhecidos por serem salvos são: oficiais, 24; ilesos, tripulação, 18; feridos agora se recuperando em hospitais da cidade e hotéis, 59, até agora como se sabe. Todos os outros desceram a bordo ou perto do Maine, total de perdidos ou desaparecidos, 253. Com várias exceções, nenhum oficial ou homem tem mais do que uma parte de uma roupa, e molhada de água. Ward steamer parte para o México às 14h00 desta tarde. Os oficiais salvos estão ilesos. Os danos foram nos compartimentos da tripulação. Estou me preparando para telegrafar lista de salvos e feridos. Olivette parte para Key West em I p. M. Enviará por ela para os oficiais de Key West salvos, exceto eu e Wainwright, Holman, Heneberger, Ray e Holden. Entregará três barcos ilesos ao capitão do porto, com pedido de segurança. Enviará todos os feridos para o hospital em Havana."

Assim que os homens desembarcaram em solo americano em Key West, foram cercados por perguntas sobre o que acreditavam ter acontecido em seu navio. Para seu crédito, a maioria era reticente e discreta em suas especulações. John Blandin observou: "Não tenho teorias sobre a causa da explosão. Não posso dar teoria nenhuma. Eu, com outros, tinha ouvido que o porto de Havana estava cheio de torpedos [minas], mas os oficiais cujo dever era examinar isso relataram que não encontraram sinais de nenhum. Pessoalmente, não acredito que os espanhóis tiveram algo a ver com o desastre. O tempo pode dizer.Espero que sim.Estávamos em uma posição delicada no Maine, tanto quanto tomar quaisquer precauções estava em causa. Éramos amigos em um porto amigável, ou suposto amigável e não podíamos atirar ou desafiar a aproximação de qualquer barco que embarcasse perto de nós, a menos que convencidos de que sua intenção era hostil. Desejo ao céu que eu possa esquecê-lo. Estive em dois destroços e tive minha parte. Mas as reverberações desse rugido mal-humorado, mas ressonante, como se o fundo do mar estivesse gemendo em tortura, vai me assombrar por muitos dias, e no reflexo desse pilar de chama vem a mim mesmo quando fecho meus olhos."

Poucos dias após a explosão, mergulhadores americanos chegaram para explorar os destroços do navio e fazer um relatório sobre o que viram. Eles também estavam lá para tentar recuperar o máximo de corpos que pudessem. Um deles lembrou: "Foi horrível!... Quando desci para o navio da morte, os mortos se levantaram para me encontrar. Eles flutuaram em minha direção com braços estendidos, como se recebessem seu companheiro de navio. Seus rostos na maior parte estavam inchados de decadência ou queimados sem reconhecimento, mas aqui e ali a luz da minha lanterna brilhou sobre um rosto pedregoso que eu conhecia, que quando eu vi pela última vez tinha sorrido uma alegre saudação, mas agora voltou meu olhar com olhos vidrados e mandíbula caída. Os mortos sufocaram as escotilhas e bloquearam minha passagem de camarote para cabine. Tive que dar uma cotovelada neles, como você faz na multidão. Enquanto eu examinava ferro torcido e madeiras quebradas eles escovaram contra meu capacete e tocaram meus ombros com mãos rígidas, como se eles procurassem me contar a história do desastre. Muitas vezes tive que empurrá-los de lado para fazer meus exames do interior do naufrágio. Eu me senti como um homem vivo no comando dos mortos. De cada parte do navio vieram suspiros e gemidos. Eu sabia que era o borbulhar da água através das vigas quebradas e lados espancados do navio, mas isso me fez estremecer; soou tanto como ecos daquela terrível noite de morte em fevereiro. A água balançava os corpos para lá e para cá, e os mantinha constantemente se movendo com uma aparência horrível de vida. Virar para que lado eu faria, eu fui confrontado por um cadáver.

Photo # NH 46774 Diving on MAINE's wreck

Foi finalmente estimado que 70 homens ainda estavam
mortos no navio, e Michael Harrington foi uma das

vítimas que os mergulhadores estavam procurando. O capelão do navio, padre John P. Chidwick, escreveu à irmã de Harrington em 2 de março:

"Querida Senhorita Harrington,

Eu estou em luto com você em sua terrível perda. Seu irmão era um bom homem. Não me lembro de um domingo em que ele perdeu a missa, quando poderia ter assistido. ... Estes são muitos consolos, especialmente quando sabemos que um Deus misericordioso o julgará que tem mais pena dos nossos mortos que nós mesmos temos. Você sabe que é uma promessa do Sagrado Coração conceder a bênção de uma morte feliz. Quando entrei no convés durante o desastre, imediatamente concedi absolvição. Que não esperemos que isso tenha seu efeito sobre as almas boas como era a dele.

Não sei se recuperei o corpo para identificá-lo. É mais provável que o corpo tenha sido recuperado e acho que o identifiquei. Recebemos um corpo do tamanho dele, com roupas marinhas, e levemente marcado na roupa de J.B. As cartas foram apagadas com a água, mas tenho certeza que estavam lá. Acredito que este é o corpo do seu irmão. Se assim for, está enterrado no cemitério católico de Havana e foi enterrado com rituais católicos.

Recomendando-o aos consolos da Igreja Santa Madre e implorando uma lembrança em suas orações por mim e por todos os nossos homens aqui vivos e mortos."

Imagens dos destroços do Maine isolado após a explosão

Uma foto dos destroços sendo rebocados para fora do porto de Havana

Menos de um mês depois que o Maine afundou, a Marinha dos Estados Unidos convocou uma comissão de inquérito para determinar a causa da explosão. Além de algum tipo de ataque externo, a única outra explicação, dada a força e localização da explosão, foi que algum tipo de fogo eclodiu na nave e detonou algo inflamável. O conselho foi liderado pelo Capitão W.T. Sampson, e emitiu um relatório em 21 de março de 1898 que primeiro tratou da possibilidade de que a munição em si tivesse explodido: "O estado de disciplina a bordo doMainefoi excelente, e todas as ordens e regulamentos relativos ao cuidado e segurança do navio foram rigorosamente realizados. Todas as munições foram guardadas de acordo com as instruções prescritas, e os cuidados adequados eram tomados sempre que as munições eram manuseadas. Nada foi guardado em nenhuma das salas de munições itens que não eram permitidos serem guardados lá. As munições foram sempre trancadas depois de terem sido abertas; e após a destruição do Maine as chaves foram encontradas em seu devido lugar no gabinete do Capitão, tudo foi relatado seguro naquela noite às 8h da noite. A temperatura da sala de munições foi anotada diariamente e relatada. A única sala que tinha uma quantidade indevida de calor não explodiu no momento em que o Maine foi destruído."

Uma foto do Sampson Board

A segunda causa possível para o que aconteceu foi algum tipo de combustão espontânea causada por um produto inflamável que havia sido armazenado incorretamente a bordo do navio. O Conselho em seguida lidou com essa questão, escrevendo: "Os primers de algodão de armas secas e detonadores foram armazenados na cabine à ré, e distantes da cena da explosão. Os resíduos foram cuidadosamente cuidados a bordo doMainepara evitar o perigo. Ordens especiais em relação a isso foram dadas pelo comandante. Vernizes, secadores, álcool e outros combustíveis dessa natureza foram armazenados sobre ou acima do convés principal, e não poderia ter tido nada a ver com a destruição doMaine. Os produtos médicos foram guardados à popa, sob a sala de enfermaria, e distantes do local da explosão. Nenhum item perigoso de qualquer tipo foi armazenado abaixo em qualquer um dos outros camarotes.

Como o Maine era um navio movido a vapor, algumas pessoas teorizaram que ou o carvão armazenado a bordo tinha incendiado ou que uma das caldeiras tinha superaquecido e explodido. Este último foi um acidente menos comum do que já havia sido, mas ainda era considerado uma possibilidade, por isso o Conselho também discutiu essa questão: "Os bunkers de carvão eram inspecionados diariamente. Desses bunkers adjacentes às salas dianteiras e salas de munições, quatro estavam vazios, ou seja, B3, B4, B5, B6. Um 15 tinha sido usado naquele dia, e A16 estava cheio de carvão new river. Este carvão tinha sido cuidadosamente inspecionado antes de ser recebido a bordo. O bunker em que havia sido guardado era acessível em três lados o tempo todo, e o quarto lado neste momento, por conta dos bunkers B4 e B6 estarem vazios. Este bunker, A16, tinha sido inspecionado naquele dia pelo oficial engenheiro de plantão. Os alarmes de incêndio nos bunkers estavam em ordem, e nunca houve um caso de combustão espontânea de carvão a bordo doMaine. As duas caldeiras após o navio estavam em uso no momento do desastre, mas apenas para fins auxiliares, com uma pressão relativamente baixa de vapor, e sendo atendidas por um relógio confiável. Estas caldeiras não podem ter causado a explosão do navio. As quatro caldeiras dianteiras foram encontradas pelos mergulhadores e estavam em boas condições."

Em última análise, seja justo ou injustamente, o Conselho chegou a uma conclusão definitiva:

"Na noite da destruição do Maine tudo estava seguro para a noite às 20h segundo pessoas confiáveis, através das autoridades competentes, ao oficial comandante. Na época em que oMaine foi destruído o navio estava quieto, e portanto menos passível de acidente causado por movimentos daqueles a bordo...

No quadro 18 a quilha vertical é quebrada em dois e a quilha plana é dobrada em um ângulo semelhante ao ângulo formado pelo revestimento inferior externo. Na opinião do tribunal, [o dano ao navio] só poderia ter sido produzido pela explosão de uma mina situada sob o fundo do navio... e um pouco no lado do porto do navio... O tribunal considera que a perda doMainena ocasião nomeada não foi em nenhum aspecto devido a culpa ou negligência por parte de qualquer um dos oficiais ou membros da tripulação da referida embarcação. ... Na opinião do tribunal, oMainefoi destruído pela explosão de uma mina submarina, que causou a explosão parcial de duas ou mais de suas partes frontais. O tribunal foi incapaz de obter provas corrigindo a responsabilidade pela destruição doMaine sobre qualquer pessoa."

Não surpreende que um inquérito espanhol que investiga a explosão tenha chegado a conclusões completamente diferentes:

"Se uma mina tivesse sido a causa da explosão, uma coluna de água teria sido observada.

O vento e as águas estavam calmos naquela data e, portanto, uma mina não poderia ter sido detonada pelo contato, mas apenas usando eletricidade, mas nenhum cabo havia sido encontrado.

Nenhum peixe morto foi encontrado no porto, como seria de esperar após uma explosão na água.

As munições geralmente não explodem quando um navio é afundado por uma mina."

Mais de 115 anos depois, a explosão do Maine é talvez mais lembrada por estar associada ao jornalismo amarelo e como a principal causa da Guerra Hispano-Americana, o que torna um pouco apropriado que a explosão em si permaneça um mistério não resolvido. Nunca houve outra investigação pública oficial realizada pelo governo americano após 1911, mas várias investigações privadas têm procurado responder ao mistério duradouro, e os esforços mais recentes teorizaram que a explosão foi um acidente causado pela queima de carvão. Uma investigação de 1974 liderada pelo Almirante Hyman G. Rickover foi o primeiro grande estudo a sugerir que uma combustão espontânea de carvão em um dos bunkers do navio provocou a explosão de uma sala adjacente, que então causou a grande maioria dos danos.

Como se demonstrasse adequadamente a natureza não resolvida da controversa explosão, um dos estudos mais recentes, encomendados pela National Geographic e realizados pela Advanced Marine Enterprises, concluíram que nem uma mina nem uma combustão espontânea de carvão poderiam ser descartadas. O estudo observou que "um incêndio no bunker de carvão poderia ter gerado calor suficiente para tocar uma explosão na sala adjacente... por outro lado, a análise de computador também mostra que mesmo uma pequena mina artesanal poderia ter penetrado no casco do navio e detonado explosões dentro."

Given the way in which the aftermath of the Maine's explosion ultimately became a more important story than how the ship blew up, perhaps it's only fitting that the cause may never be known with certainty.Dada a forma como as consequências da explosão do Maine se tornaram uma história mais importante do que como o navio explodiu, talvez seja justo que a causa nunca seja conhecida com certeza.

Capítulo 5: A Declaração de Guerra

Embora houvesse conclusões conflitantes e o Conselho de Sampson não fosse capaz de dar uma resposta definitiva sobre quem foi o responsável pela explosão, os americanos que constantemente leem os contos lúgubres publicados diariamente em jornais nacionais e locais culparam em grande parte o governo espanhol em Cuba e insistiram que os Estados Unidos entrariam em guerra para ajudar os rebeldes cubanos a expulsar seus governantes espanhóis de uma vez por todas. Aqueles que haviam apoiado a independência cubana de antemão só poderiam ser encorajados que os espanhóis, como Escreveu Albert Shaw em O Progresso do Mundo, cujas "ideias são totalmente medievais... [e] acreditam ser um povo altamente cavalheiresco e militante, [acreditam] que o povo dos Estados Unidos está realmente em grande terror de proezas espanholas... Seu ponto de vista é completamente teatral e não tem relação com os fatos modernos. Enquanto um país como o nosso, capaz de abastecer o mundo inteiro com motores elétricos, máquinas de mineração, motores de locomotiva, trilhos de aço e material estrutural para pontes de aço modernos e "arranha-céus", sem mencionar bicicletas e máquinas de costura, é igualmente capaz de construir, armar e operar um número ilimitado de navios de todos os tipos, e de empregar todos os dispositivos mecânicos concebíveis para fins de defesa nacional. A longo prazo, portanto, mesmo que nossos preparativos preliminares tivessem sido do caráter mais escasso, devemos ser capazes de dar um bom relato de nós mesmos na guerra..."

A América seria agora libertada para ganhar o respeito do mundo em libertar os cubanos de seus opressores coloniais. Claro, enquanto Woodford acreditava que a Espanha era um opressor, ele, como muitos, de forma alguma endossou a verdadeira independência cubana. Em março de 1898, ele expressou suas crenças sobre a necessidade do domínio dos EUA em Cuba, pelo menos no período inicial, para que a ilha não caísse nas mãos daqueles que lideram a revolução: "Os insurgentes, apoiados pela grande maioria dos negros, e liderados até mesmo por uma minoria de brancos empreendedores e resolutos, provavelmente serão fortes o suficiente para impedir um bom governo eficaz... Isso significaria e envolveria desordem contínua e anarquia prática... A paz dificilmente pode ser garantida pelos insurgentes através e sob um governo independente... Finalmente cheguei a acreditar que a única certeza de paz está sob nossa bandeira... Eu sou, assim, relutantemente, lentamente, mas inteiramente um convertido à posse e ocupação americana primitiva da ilha. Se reconhecermos a independência, podemos entregar a ilha a uma parte de seus habitantes contra o julgamento de muitos de seus residentes mais educados e ricos... Não vejo nada pela frente, exceto desordem, insegurança das pessoas e destruição de propriedade. A bandeira espanhola não pode dar paz.A bandeira rebelde não pode dar paz.Há apenas um poder e uma bandeira que podem garantir a paz e obrigar a paz. Esse poder são os Estados Unidos e essa bandeira é a nossa bandeira."

Em 27 de março, o governo McKinley apresentou um plano de quatro partes para a Espanha no qual o país-mãe teria que concordar com um armistício imediato até outubro, o fim da reconcentração, o direito dos EUA de distribuir alívio em Cuba, e o direito de os EUA abitrarem entre os EUA e os insurgentes cubanos se os combates recomeçassem após a data de outubro. Embora a Espanha alegou que aceitaria os termos da proposta de McKinley, os rebeldes cubanos se recusaram a fazê-lo porque a Espanha não era obrigada a reconhecer a independência cubana como parte dos termos.

Em 11 de abril de 1898, ainda havia esperança de paz.Enquanto os americanos esperavam que o discurso do presidente McKinley fosse lido no Congresso após um longo fim de semana de reuniões de gabinete, o embaixador americano na Espanha deixou claro que acreditava que permaneceria no país, e não seria lembrado pelos americanos. Para aqueles que esperavam ouvir um chamado para a guerra, o discurso foi decepcionante. Essencialmente, deu aos espanhóis mais tempo para cumprir as exigências americanas anteriores, e não pediu uma Cuba independente. Um senador republicano expressou sua frustração, dizendo: "O presidente nos deu história e filosofia e falou sobre paz e governo estável. Mas ele não nos pediu para nos livrarmos do controle espanhol de Cuba ou... usar a força para realizar as coisas que ele apontou como desejável."

Em 12 de abril, Fitzhugh Lee chegou a Tampa e foi para Washington de trem, recebido por multidões de milhares ao longo do caminho. A posição de Lee de que só a guerra poderia resolver a crise em Cuba o tornou popular com um público que havia ficado impaciente com a Espanha e o Presidente. Enquanto o país se preparava para a guerra, a Câmara aprovou uma resolução pedindo a intervenção e o reconhecimento do governo cubano, este último opositor de McKinley. Finalmente, em 20 de abril de 1898, ambas as casas do Congresso aprovaram resoluções declarando guerra à Espanha:

"Considerando que as condições abomináveis que existem há mais de três anos na Ilha de Cuba, tão perto de nossas próprias fronteiras, chocaram o sentido moral do povo dos Estados Unidos, têm sido uma desgraça para a civilização cristã, culminando, como eles fizeram, na destruição de um navio de guerra dos Estados Unidos, com duzentos e sessenta e seis de seus oficiais e tripulação , durante uma visita amigável no porto de Havana, e não pode mais ser suportado...

"Resolvido, primeiro. Que o povo da Ilha de Cuba é e deveria ser livre e independente.

Segundo. Que é dever dos Estados Unidos exigir que o Governo da Espanha renuncie imediatamente à sua autoridade e ao governo na Ilha de Cuba e retire suas forças terrestres e navais de Cuba e das águas cubanas.

Terceiro. Que o Presidente dos Estados Unidos seja, e por este meio, dirigido e capacitado a usar toda a terra e forças navais dos Estados Unidos, e chamar para o serviço real dos Estados Unidos a milícia dos vários Estados, na medida em que possa ser necessário para levar essas resoluções em vigor."

Lee

Em 23 de abril de 1898, McKinley e Sherman emitiram uma proclamação, pedindo que os soldados americanos se juntassem à luta contra a Espanha por um período de dois anos, se necessário. Depois de recordar a resolução conjunta do Congresso para reconhecer a independência cubana e exigir que a Espanha renuncie à sua autoridade na região, McKinley declarou que "em virtude do poder investido em mim pela Constituição e pelas leis, e considerando ocasião suficiente para existir, tem pensado adequado para chamar adiante, e por este meio, os voluntários para o número agregado de 125.000, a fim de levar em vigor o propósito da referida resolução... para servir por dois anos, a menos que mais cedo dispensado. Os detalhes deste objeto serão imediatamente comunicados às autoridades competentes através do Departamento de Guerra."

Muitos historiadores veem a cautela e o ritmo lento de McKinley não como resultado de qualquer relutância em tomar Cuba, mas um desejo de tomar tal ação indiretamente. É claro que McKinley não queria reconhecer a insurgência cubana como o novo e legítimo governo de Cuba em qualquer movimento em direção à guerra, mas ele também não ficou satisfeito, pelas limitações que o Congresso impôs a ele com a emenda. A emenda foi apresentada pelo senador do Colorado Henry Teller. A emenda reuniu os votos dos senadores que apoiam interesses variados, desde os interessados na liberdade de Cuba, até os anti-expansionistas, e aqueles com medo do aumento da concorrência para a indústria dos EUA caso Cuba se tornasse território dos EUA.

Teller, pode-se argumentar, pertencia ao último grupo. A indústria ainda em desenvolvimento de açúcar de beterraba do Colorado certamente estaria ameaçada por um novo território americano em Cuba. Um dos biógrafos de Teller admite que essa preocupação foi um fator, mas também argumenta: "Henry estava sinceramente preocupado com colônias, obrigações e suposições ingênuas sobre os benefícios maravilhosos de ser uma potência mundial", e se opôs à expansão dos EUA como política. A redação da emenda apareceu como o quarto ponto da resolução e deixou claro os limites da ação dos EUA após a guerra: QuartoQue os Estados Unidos não se responsabilizam de qualquer disposição ou intenção de exercer soberania, jurisdição ou controle sobre a referida Ilha, exceto pela sua pacificação, e afirma sua determinação, quando isso for realizado, de deixar o governo e o controle da Ilha para o seu povo."

Após a declaração de guerra de McKinley, os voluntários começaram a se alistar e procurar organizar suas próprias brigadas e regimentos, bem como abrir seus próprios escritórios de recrutamento. Muitos voluntários foram recrutados através de grupos empresariais, clubes patrimoniais, ou com base em sua experiência militar passada. Um grupo especialmente procurado foram "imunes à febre amarela" que o exército procurou nos estados do Golfo do Sul, onde os homens eram mais propensos a ter contraído anteriormente uma forma leve da doença que os protegeria nos climas tropicais. McKinley, por sua vez, reuniu-se com dois capitães militares aposentados para discutir a estratégia. Um deles era Alfred Mahan. Foi imediatamente decidido que os Estados Unidos devem bloquear as Filipinas e estabelecer bases nas ilhas cubanas e filipinas.

Capítulo 6: Comodoro George Dewey e Guerra nas Filipinas

Em 25 de abril de 1898, o Comodoro George Dewey recebeu um telegrama de John D. Long, secretário da Marinha: "A GUERRA COMEÇOU ENTRE OS ESTADOS UNIDOS E A ESPANHA. PROSSIGA IMEDIATAMENTE PARA AS ILHAS FILIPINAS.INICIAR OPERAÇÕES PARTICULARMENTE CONTRA A FROTA ESPANHOLA.VOCÊ DEVE CAPTURAR NAVIOS OU OS DESTRUIR.USE O ESFORÇO MÁXIMO."

Meses antes, Dewey havia ordenado seus navios para Hong Kong, preparando-se para a luta que ele sabia que viria. Dewey enfrentou incríveis chances de entrar em uma cadeia de ilhas que até o Presidente admitiu não conseguir localizar "dentro de 2000 milhas." Ele havia sido escolhido pelo Secretário Assistente Roosevelt, apesar da oposição de alguns no governo. Roosevelt acreditava que Dewey tinha o conhecimento, e talvez mais importante aos olhos de Roosevelt, a ousadia para o sucesso na batalha contra as probabilidades, abordando diretamente os críticos de Dewey: "Senhores, eu não posso concordar com vocês. Nós olhamos o seu registro.Nós o olhamos diretamente nos olhos.Ele é um lutador.Não vamos mudar agora."

Dewey

Roosevelt

Em 27 de abril, seis navios da linha, liderados pelo Olympia com o Comodoro Dewey a bordo, foram em direção à Baía de Manila. Depois de vários dias navegando sobre o Mar do Sul da China, Dewey esperava passar pelo forte espanhol em Corregidor para chegar a Manila sem detecção, e navegou sem luzes para fazê-lo. Ele chegou à baía, onde a batalha naval com o Esquadrão Espanhol do Pacífico Sul começou na madrugada de 1º de maio de 1898. Dewey era um estudante da escola mahaniana de estratégia naval, assim chamado para o agressivo Alfred T. Mahan, um estrategista naval de topo e presidente do Colégio de Guerra Naval. Como tal, concentrou seus esforços na ofensiva, preferindo conhecer a frota espanhola em seus próprios termos e evitar, se tudo possível fogo de baterias terrestres que alinhavam a Baía de Manila. Ele se recusou a enfrentar as baterias em terra, navegando direto para além das baterias de disparo e em direção à frota espanhola. Dewey emitiu seu comando mais famoso pouco antes das 6:00 daquela manhã, "Você pode atirar quando estiver pronto, Gridley!" Após apenas sete horas, o esquadrão espanhol se rendeu, tendo sofrido mais de 300 baixas, enquanto as forças americanas não tinham perdido um homem. O almirante espanhol Montojo deu a ordem de rendição e abandonou seu navio, logo hasteando uma bandeira branca de Cavite, o arsenal terrestre dos espanhóis. Dewey rapidamente entendeu as implicações de seu sucesso, e entrou em contato com Washington sobre os desenvolvimentos em Manila. Com os espanhóis derrotados decisivamente, Dewey temia que a população filipina começasse a se rebelar e atacar a agora derrotada esquerda espanhola na ilha. Ele também estava preocupado que outras nações europeias, particularmente a Alemanha, pudessem usar o vácuo do poder e tomar as ilhas para si. Dewey pediu que as forças precisavam tomar a cidade — um pedido que, quando cumprido por McKinley, havia mudado a natureza da guerra de libertar o povo cubano para algo muito maior no escopo. O que os Estados Unidos fariam a seguir no Pacífico?

Líder de uma insurgência de 1896 contra os espanhóis, Emilio Aguinaldo havia deixado as Filipinas em um acordo após promessas espanholas de reforma que nunca se concretizaram. Como um reconhecido líder filipino, ele foi trazido para Manila por um navio americano poucos dias após a vitória americana em Manila. Os eventos que se seguiram foram para provar controvérsia e levar ao controle dos EUA das Filipinas, juntamente com uma revolução do povo filipino que provaria ser muito mais longa e mais cara do que a própria guerra hispano-americana. Aguinaldo alegou que foi prometida ajuda dos Estados Unidos na criação de um governo independente do qual ele seria o líder. Na verdade, parece que os incentivos iniciais foram feitos por pelo menos um americano, que escreveu a Aguinaldo: Disposições gerais Tenho a honra de informá-los que os Estados Unidos da América, cujas forças terrestres tenho a honra de comandar nesta vizinhança, estando em guerra com o

Reino da Espanha, tem toda a simpatia e sentimentos mais amigáveis para os povos nativos das Ilhas Filipinas. Por essas razões, desejo ter as relações mais amigáveis com você, e ter você e seu povo cooperando conosco em operações militares contra as forças espanholas."

As diretivas do Departamento de Estado, no entanto, especificaram que não deveria haver ocupação conjunta de Manila, ou governo cooperativo estabelecido. A guerra era entre a Espanha e os Estados Unidos, e os EUA, não os filipinos, lutariam as batalhas terrestres finais para garantir a cidade e aceitar a rendição espanhola. Aguinaldo passou a obedecer ordens, pois esperava ser nomeado e apoiado como líder filipino sob a proteção dos Estados Unidos. Apesar das boas notícias do Pacífico, e de uma das vitórias navais mais surpreendentes da história americana até então, a controvérsia sobre as ilhas filipinas estava apenas começando. A carta de Aguinaldo ao cônsul americano é caracterizada por uma crescente desconfiança: "Eu li no The Journal que estou sendo teimoso e não me comportando como prometi.Em resposta, pergunto, por que a América deveria esperar que eu esboçasse minha política, presente e futuro, e lute cegamente pelos seus interesses quando a América não está sendo franca comigo? Então me diga:Estou lutando pela anexação, proteção ou independência?Cabe à América dizer, não a mim.Posso tomar Manila como derrotei os espanhóis em todos os lugares, mas qual seria o uso?Se a América tomar Manila, posso salvar meus homens e armas pelo que o futuro tem reservado para mim. Agora, bom amigo, acredite em mim, eu não sou tolo e desonesto.Os interesses do meu povo são tão sagrados para mim como são os interesses do seu povo para você."

Uma ilustração representando a Batalha de Manila Bay

Capítulo 7: Theodore Roosevelt e os Rough Riders

**Uma foto de Roosevelt e os Rough Riders durante a
guerra**

Uma das figuras-chave da influência na tomada de
decisões nos primeiros dias da guerra, e mais tarde como
participante no terreno, foi Theodore Roosevelt. Como um
comissário de polícia republicano reformista e popular em
Nova York, Roosevelt tinha feito vários inimigos em
Nova York e tinha recebido a nomeação para Secretário
da Marinha oferecida, um pouco relutantemente, por
William McKinley após a eleição de 1896. Embora
Roosevelt tivesse ativamente feito campanha para

McKinley e os republicanos, McKinley foi gravado como preocupado com as tendências do jovem: "Eu quero paz e me disseram que seu amigo Theodore , que eu conheço apenas um pouco de , está sempre brigando com todo mundo. Temo que ele seja muito truculento." Doris Kearns Goodwin relata que o amigo de Roosevelt, Taft, "mais tarde especulou que 'mais de uma vez quando [Roosevelt] estava se juntando àqueles que exigiam guerra com a Espanha e quase atacando a Administração por não declarar isso, acho que McKinley desejava ter estado em outro lugar do que onde ele estava." Roosevelt pressionou por guerra e expansão dentro da administração McKinley, e tinha uma rede de pensadores e funcionários mahanian com quem ele se comunicava.

  Para Roosevelt e muitos de seus amigos mais próximos, a guerra era gloriosa.Ele ofereceu aos americanos, que ele temia ter crescido muito macio, uma chance de experimentar as glórias purificadoras e revigorantes do campo de batalha. Roosevelt acreditava no Destino Manifesto da América, e acreditava que seu objetivo de "expulsar o espanhol do novo mundo" era admirável que libertaria um povo oprimido enquanto simultaneamente construía a influência americana no hemisfério "no terreno da humanidade e do interesse próprio", como ele disse. Roosevelt acreditava que a guerra trouxe à tona o melhor de um povo, argumentando que "Se não há a guerra, você não terá o grande general; se não há uma grande ocasião, você não tem um grande estadista; se Lincoln tivesse vivido em um tempo de paz, ninguém teria conhecido seu nome.

À medida que a guerra com a Espanha se aproximava, Roosevelt colocou em ação seu plano de servir na frente, em vez de atrás de sua mesa como Secretário Adjunto da Marinha. Vários questionaram sua decisão de deixar o cargo, ou deixar sua jovem família, mesmo chamando-o de imprudente e acusando-o de ter uma visão glamourizada da guerra que o atraiu para Cuba. Roosevelt respondeu aos seus críticos, dizendo: "Não tenho desejo antes da minha hora chegar à escuridão eterna. Então não entrarei em uma guerra com qualquer alegria indevida de espíritos ou em um estado de espírito de qualquer forma abordando imprudência ou leviandade. Além disso, a utilidade de um homem depende de sua vida até seus ideais na medida do possível. Agora, eu sempre preguei o que nossos oponentes têm o prazer de chamar de "doutrinas Jingo" por muitos anos.Uma das provocações mais comuns dirigidas a homens como eu é que somos Jingoes que desejam ver os outros fazerem o que só defendemos fazer. Eu me importo muito pouco com tal provocação, exceto que afeta minha utilidade, mas eu não posso me dar ao luxo de ignorar o fato de que meu poder para o bem, seja lá o que for, teria ido embora se eu não tentasse fazer jus às doutrinas que tentei pregar. Além disso, parece-me que seria muito mais importante do ponto de vista da nação como um todo que homens como eu deveriam ir para a guerra do que que devemos ficar confortavelmente em escritórios em casa e deixar outros continuarem a guerra que instamos."

Quando o Congresso providenciou a formação de três unidades de cavalaria voluntárias, o caminho de Roosevelt para o conflito foi assegurado.

O Presidente McKinley fez um apelo para que os voluntários da Fronteira preencham as vagas disponíveis. Roosevelt recebeu uma oferta para liderar um desses regimentos, mas recusou devido à inexperiência. Roosevelt acreditava que tinha a habilidade de liderar, mas por causa de seu treinamento militar limitado, ele sentiu como se o tempo necessário para alcançá-lo seria um tempo desperdiçado para os militares. Em vez disso, ele recomendou um bom amigo, Dr. Leonard Wood, um cirurgião do exército para o cargo, com o acordo de que Roosevelt serviria como seu tenente-coronel. O exército concordou e Wood foi acelerado, juntamente com Roosevelt, para sua nova posição. Este novo grupo era para ser chamado de O Primeiro Calvário Voluntário dos Estados Unidos, mas isso era muito longo e chato, então outro nome circulou entre o público e ficou preso –"The Rough Riders"

Os Estados Unidos não estavam prontos para a guerra.O fim da Guerra Civil trouxe consigo anos de aperto de cinto para o Departamento de Guerra. O lado de abastecimento do exército em pé estava carente de materiais de guerra, e equipar um exército era quase impossível. O exército também estava com falta de pessoal, com poucas pessoas prontas para comandar a massa de voluntários agora prontos para lutar. Sabendo que havia recursos limitados, o Coronel Wood foi rápido em colocar em seu pedido. Sua rapidez garantiu a equipagem dos Rough Riders, mas com outros regimentos em falta, o benefício de ter equipamentos e suprimentos logo os colocou em um dos conflitos mais violentos da Guerra Hispano-Americana. Dos três novos regimentos de cavalaria, eles foram os únicos a ver qualquer ação. Jornalistas americanos deram aos Riders uma riqueza de atenção e inspiraram um público que queria ver a Espanha receber julgamento por suas ações e América sua justa glória.

O treinamento para o tão esperado conflito com os espanhóis foi apressado. Organização e informação estava faltando do departamento de guerra. Os Rough Riders receberam suas primeiras instruções em 19 de maio para viajar para o Porto de Tampa e esperar. Uma vez em Tampa, os homens embarcaram em navios de transporte com um destino desconhecido. Para os Rough Riders, o destino pouco importava; eles se ofereceram para lutar.

O sol se levantou sobre o porto de Santiago, em Cuba, na manhã de 20 de junho. O porto estava cheio de navios de guerra bloqueando navios espanhóis no porto. Os Rough Riders aguardavam ordens para pousar. Por dois dias eles esperaram, até finalmente descobrirem que a vila de Daiquiri seria seu berço. As condições ao longo da costa e a falta de pequenos barcos de desembarque feitos para um debarque complicado, exigindo que muitos soldados carregassem seus próprios equipamentos e materiais e suprimentos adicionais. Os navios ancorados no porto apimentaram a aldeia com artilharia para empurrar para trás qualquer resistência espanhola inicial e dar aos Rough Riders uma abertura para encontrar seu pé em terra.

Nos dias seguintes, os regimentos dos EUA marcharam em posição com o objetivo de tirar Santiago dos espanhóis no que veio a ser conhecido como a Batalha de Las Guasimas, a primeira batalha terrestre na guerra. A primeira onda se moveu contra os espanhóis, mas os Rough Riders se seguraram para proporcionar uma segunda onda de reforços. Uma vez que os Riders começaram seu avanço, o terreno difícil limitou seus números. Quando chegaram à luta, tinham menos da metade da força.

Os Rough Riders avançaram, juntamente com o exército

regular, sobre um posto avançado espanhol localizado em uma encruzilhada fora de Santiago. O bem escondido exército espanhol provou ser um julgamento para as forças americanas, que não estavam acostumadas às selvas tropicais e tinham dificuldade em localizar um inimigo que usava pólvora quase sem fumaça.A vitória duramente conquistada para os soldados facilitou muito a marcha sobre Santiago, já que os espanhóis surpreendentemente não produziram contra-ação.

As baixas americanas em Las Guasimas foram baixas, quinze americanos incluindo oito Rough Riders , apesar da desvantagem do exército em proporção à cobertura espanhola. Os voluntários do Rough Rider provaram-se inesperadamente corajosos no calor da batalha. Considerando que os Rough Riders eram compostos por voluntários, havia uma curiosa antecipação de sua resposta à batalha. Por causa da enorme cobertura da imprensa e elogios dados a esses voluntários, Roosevelt sentiu a necessidade de apontar que os regulares do exército deveriam ter recebido mais crédito por seus esforços do que os Rough Riders estavam recebendo. O Coronel Wood recebeu uma promoção em tempo de guerra ao General brigadeiro, colocando a honra de liderar os Rough Riders sobre Roosevelt.

Em 30 de junho, uma marcha contra Santiago era iminente.Os Rough Riders estavam fixados em terminar esta campanha e sua antecipação era contagiosa dentro do campo. Os espanhóis se envolveram primeiro, usando artilharia superior. A onda de 15 minutos de projéteis feriu muitos e tirou várias vidas. A brigada se espalhou pela parte de baixo da mato e esperou a cessação do disparo. Na primeira oportunidade clara, o General Wood reuniu a brigada com os Rough Riders na liderança, e foi para o rio San Juan.

Os espanhóis derrubaram a ordenança das colinas circundantes à medida que a coalizão americana avançava. O avanço foi mal executado. Vários regimentos se perderam de vista e a falta de reconhecimento deixou os americanos sem informações sobre a força ou posição da resistência espanhola. A fim de recuperar a ordem e atrair as forças americanas de volta, um "balão cativo" foi lançado. O balão forneceu um visual para os outros regimentos se reagruparem. A desvantagem de colocar o balão em cativeiro era que o inimigo podia ver o marcador aéreo também. O regimento de Roosevelt chegou ao ford antes do resto da infantaria. Inspecionando o campo, Roosevelt e suas tropas podiam ver o perigo à frente. O balão tinha colocado todas as forças no caminho da artilharia espanhola. Agora os espanhóis sabiam para onde dirigir o fogo. Para evitar a perda de seus homens, Roosevelt atravessou o ford antes que um gargalo se formasse. Quando a infantaria chegou ao ford, as armas inimigas convergiram em sua localização, gerando baixas significativas.

Ao atravessar o rio, a brigada americana avançou sob fogo pesado. Os americanos foram encurralados quando Roosevelt recebeu a ordem para avançar e apoiar os frequentadores. À medida que Roosevelt avançava, os relatórios preenchiam o ar de todos os lados.Ele espalhou seus homens em uma "ordem de escaramuça" para torná-los alvos mais difíceis.A carga foi anêmica, embora vários regimentos foram capazes de chegar à base de Kettle Hill. Quando os Rough Riders chegaram aos frequentadores deitados naquela grama, esperando ordens, Roosevelt contou: "Falei com o capitão no comando dos pelotões traseiros, dizendo que eu tinha sido ordenado a apoiar os frequentadores no ataque às colinas, e que, em meu julgamento, não poderíamos tomar essas colinas atirando neles, e que devemos apressá-los. Ele respondeu que suas ordens eram para manter seus homens deitados onde estavam, e que ele não poderia cobrar sem ordens. Perguntei onde o coronel estava, e como ele não estava à vista, disse: 'Então, eu sou o oficial de classificação aqui e dou a ordem para cobrar!'"

Os frequentadores hesitaram em responder ao comando de Roosevelt então ele gritou: "Então deixe meus homens passarem, senhor." Roosevelt avançou, os Rough Riders em em seguida. Os frequentadores caíram atrás dos Rough

Riders e avançaram para a base da colina onde Roosevelt acenou com seu chapéu e deu uma ordem resoluta para tomar a colina. Os espanhóis, que não queriam entrar em uma batalha mão-a-mão, fugiram, permitindo que os Rough Riders levassem Kettle Hill. Era uma vez kettle hill, os Rough Riders cavaram e se esconderam, agora tomando fogo adicional de San Juan Hill. Roosevelt viu as forças americanas avançarem para trás, suprimindo o fogo de quatro metralhadoras. Roosevelt pediu uma segunda acusação, mas não foi ouvido, e correu em direção a San Juan Hill com apenas cinco homens nas costas. Voltando-se, ele percebeu o que tinha acontecido e voltou para uma segunda chamada para cobrar. Os Rough Riders subiram para a ocasião mais uma vez, passando através do vale com uma multidão de regimentos mistos, e até San Juan Hill. Os regulares espanhóis fugiram enquanto os americanos preenchiam o topo com vista para Santiago. Os dias seguintes levaram a um cerco a Santiago, finalmente tirando Cuba das garras da Espanha.

Os Rough Riders tornaram-se o tema das histórias de guerra nas próximas décadas.Sem a bravura selvagem dos Rough Riders e das companhias de soldados voluntários negros, 8.000-10.000 no total, o maior na história dos EUA, as forças americanas podem não ter prevalecido em Cuba.

Uma foto de uma unidade negra segregada no Exército

Uma foto do cruzador blindado espanhol Cristóbal Colón em Santiago

Capítulo 8: Guerra em Porto Rico

As teorias expansionistas de Alfred Mahan incluíam a necessidade de colônias insulares, que serviriam como bases navais e potenciais pontos de proteção para o canal que eventualmente conectariam o Atlântico e o Pacífico. Enquanto Mahan advertiu que uma tentativa de controlar muitas posses do Caribe poderia resultar em dificuldades com populações nativas, ele marcou Porto Rico como uma ilha que seria benéfica como base naval. Embora Porto Rico não aparecesse na lista de aquisições desejáveis antes do início da guerra, era de grande preocupação para os EUA uma vez que a guerra foi declarada por causa de seu valor para as forças espanholas.

O general americano Nelson Miles pediu uma invasão de Porto Rico imediatamente após a declaração de uma guerra com a Espanha, tão significativa que ele viu sua importância para a frota espanhola. Embora ele tivesse alguns partidários em círculos maiores, nem McKinley nem os principais conselheiros militares estavam convencidos da importância de Porto Rico na medida em que Miles era. Cuba, como fonte de preocupação americana, não Porto Rico, seria o foco do Atlântico nos primeiros dias da guerra. Em 21 de julho, no entanto, a administração tinha se convencido de que Porto Rico poderia ser tomada com relativa facilidade. O General Miles poderia lançar uma expedição de Tampa, chegando com novas tropas (em contraste com aqueles que estavam doentes e exaustos da luta em Santiago), três unidades militares de ex-patriatos porto-riquenhos se juntariam à luta, e, foi teorizado, os próprios porto-riquenhos ajudariam na derrubada de seus captores espanhóis assim que soubessem que a libertação estava próxima.

Em apenas 17 dias de combate, as forças americanas, auxiliadas pelos porto-riquenhos e para surpresa dos governantes espanhóis em Porto Rico, tomaram metade da ilha. Enquanto a Espanha buscava um acordo de paz, os EUA se ofereceram para tomar Porto Rico, além de outros despojos, como reparações. Será que os Estados Unidos tinham Porto Rico na mira antes da guerra em um esquema de expansão e dominação do hemisfério, ou a tomada de Porto Rico foi verdadeiramente por acaso?" Historiadores discordaram sobre essa questão, e parece que a resposta pode estar em uma consideração de fontes. Embora haja certamente evidências de que algumas figuras políticas, especialmente aquelas que desejavam expansão, tinham Porto Rico na mira, é tão verdadeiro que a mentalidade imperial viu qualquer ganho territorial como ajudar sua causa. Se, então, Porto Rico se tornasse "disponível", seria uma questão, claro, não de premeditação, tomá-la. Por outro lado, muitos na administração resistiram à tomada de Porto Rico, e aderiram a ela apenas depois que o objetivo principal da guerra parecia estar bem na mão. Esta visão abraça a ideia de que os EUA foram surpreendidos com seu próprio sucesso na guerra, e pegou posses não como uma questão de plano, mas no calor da batalha e como um meio de impedir que terceiros assumissem o controle.

McKinley, talvez encorajado pela bem sucedida estreia militar mundial do país, ou talvez, como ele alegou, agindo com generosidade em relação a uma Espanha falida, instruiu seus negociadores a insistir em Porto Rico como parte do acordo. A guerra custou mais de 400 milhões de dólares, e a Espanha não pôde pagar. Os Estados Unidos aceitariam Porto Rico como pagamento parcial, uma vez que "não era compatível com a garantia de paz permanente em ou perto do nosso próprio território que a bandeira espanhola deveria permanecer deste lado do mar" em qualquer caso. Mesmo anti-imperialistas como Mark Twain acreditavam que a tomada de Porto Rico era justificada e bem-vinda pelos nativos. Era apenas uma questão de tempo até que "as imunidades e bênçãos das instituições liberais do nosso Governo", como disse o General Miles, se instalassem sobre a população porto-riquenha.

Capítulo 9: Tratado de Paris

**Uma foto de soldados americanos celebrando notícias
da rendição da Espanha**

Com as vitórias inquestionáveis da América nas Filipinas, Cuba, Porto Rico e Açores, a Espanha processou pela paz. À medida que a notícia se espalhou sobre o fim da guerra, a imprensa alimentou um fogo de nacionalismo crescente, enfatizando não apenas o triunfo das forças americanas, mas capitalizando uma Espanha já demonizada: "Eles se alegraram com a paz que se aproxima; Espanha tinha sido punida, o Maine foi vingado, Cuba estava livre." Agosto de 1898 trouxe negociações para a paz entre Espanha e Estados Unidos.

Em 12 de agosto, um protocolo para acabar com a guerra, que acabou por formar a base para o Tratado de Paris, foi assinado pelos dois países. Esse protocolo dizia:

1. A Espanha renunciará a todas as reivindicações de soberania e título a Cuba.

2. Porto Rico e outras ilhas espanholas nas Índias Ocidentais e uma ilha nos Ladrones a ser selecionada pelos Estados Unidos serão cedidas a esta última.

3. Os Estados Unidos ocuparão e manterão a cidade, a baía e o porto de Manila, até a conclusão do tratado de paz, que determinará o controle, a disposição e o governo das Filipinas.

4. Cuba, Porto Rico e outras ilhas espanholas nas Índias Ocidentais serão imediatamente evacuadas e os comissários, a serem nomeados dentro de dez dias, devem, no prazo de trinta dias a partir da assinatura do protocolo, reunir-se em Havana e San Juan, respectivamente, para organizar e executar os detalhes da evacuação.

5. Os Estados Unidos e a Espanha nomearão cada um não mais do que cinco comissários para negociar e concluir um tratado de paz.Os comissários se reunirão em Paris até 1º de Outubro.

6. Na assinatura do protocolo, as hostilidades serão

suspensas e avisos para esse efeito serão dados o mais rápido possível por cada Governo aos comandantes de suas forças militares e navais.

Uma foto de Jules Cambon, o embaixador francês nos EUA, assinando o memorando de ratificação em nome da Espanha

A intenção da Espanha durante a guerra era tentar prolongar o engajamento pelo maior tempo possível, esperando que os Estados Unidos não durassem mais que a resolução espanhola. Os Estados Unidos enfraqueceram a posição da Espanha destruindo a frota do Pacífico da Espanha e, em seguida, tomando Cuba. Isso tornou cada vez mais difícil para a Espanha negociar. O presidente McKinley tornou-se resoluto em sua posição com a Espanha; portanto, como a guerra tomou um rumo, McKinley construiu um baluarte em torno das exigências americanas. Quando a guerra chegou ao fim, a Espanha não tinha escolha a não ser dar aos Estados Unidos tudo o que queriam. O Tratado de Paris foi assinado em 10 de dezembro de 1898. A Espanha foi obrigada pelo tratado a desistir de seus interesses em Cuba, Porto Rico e Guam, mas as Filipinas mantiveram-se na balança. A alternativa real para os Estados Unidos adquirirem as Filipinas foi a divisão do país com a China e outros interesses soberanos. McKinley foi convencido de que eles não deveriam deixar essa divisão ocorrer e, portanto, ofereceu à Espanha 20 milhões de dólares para as ilhas das Filipinas.

A Guerra Espanhola Americana, com apenas oito meses de duração e com menos de 400 mortes de batalha para as forças americanas, foi, relativamente, um breve momento na história americana. Foi, no entanto, um ponto de virada na política externa dos EUA e influência no mundo, trouxe um novo nível de respeito aos Estados Unidos no cenário internacional, e deu território americano no Pacífico e caribenho. A América seria mudada para sempre pela guerra.Embora os isolacionistas possam ter argumentado contra a intervenção em guerras estrangeiras, a Caixa de Pandora estava agora aberta.Como Roosevelt advertiu em 1898, os Estados Unidos tinham assumido um novo manto, o de líder mundial, com todos os seus direitos e responsabilidades: "As armas que explodiram em Manila e Santiago nos deixaram ecos de glória, mas também nos deixaram um legado de dever. Se nós dirigimos uma tirania medieval apenas para abrir espaço para anarquia selvagem é melhor não ter começado a tarefa em tudo. É pior do que ocioso dizer que não temos o dever de realizar, e podemos deixar para seus destinos as ilhas que conquistamos. Tal curso seria o curso da infâmia. Seria seguido de uma vez pelo caos total nas ilhas miseráveis. Algum poder mais forte teria que intervir e fazer o trabalho, e teríamos mostrado a nós mesmos fracos, incapazes de levar para a conclusão bem sucedida os trabalhos que as nações grandes e de alto astral estão ansiosas para empreender."

Um desenho animado retratando a aquisição americana de bens coloniais espanhóis

Fontes da Web

Outros livros sobre História Americana do Século 19 por Charles River Editors

Outros livros sobre a Guerra Hispano-Americana na Amazon

Bibliografia

Bishop, Joseph Bucklin. Theodore Roosevelt and His Time Shown in His Own Letters, Vol. 1. New York: C.

Scribner's Sons, 1920.

Campbell, W. Joseph. Yellow Journalism: Puncturing the Myths, Defining the Legacies Westport, CT: Praeger, 2001.

Caban, Pedro A. Constructing a Colonial People: Puerto Rico and the United States, 1898-1932. Boulder, CO: Westview Press, 1999.

Carson, Samuel. The Overland Monthly. San Francisco: The Overland Monthly Publishing Company, 1898.

DiNunzio, Mario R. ed., Theodore Roosevelt: An American Mind. New York: Penguin Books, 1994.

Dyal, Donald H. Historical Dictionary of the Spanish American War, ed. Brian B. Carpenter and Mark A. Thomas. Westport, CT: Greenwood Press, 1996.

Feuer, A. B. America at War: The Philippines, 1898-1913. Westport, CT: Praeger Publishers, 2002.

Feuer, A. B., The Spanish-American War at Sea: Naval Action in the Atlantic. Westport, CT: Praeger Publishers, 1995.

----. "For an Honest Election". The New York Times. October 23, 1895.

Goodwin, Doris Kearns. The Bully Pulpit: Theodore

Roosevelt, William Howard Taft, and the Golden Age of Journalism. New York: Simon and Schuster, 2013.

Granger, Derek B. "Dewey at Manila Bay: Lessons in Operational Art and Operational Leadership from America's First Fleet Admiral," Naval War College Review 64, no. 4. 2011.

Haydock, Michael D. "Sinking of Maine Brings War with Spain," VFW Magazine, February 1998.

Herring, George C. From Colony to Superpower: U.S. Foreign Relations Since 1776. New York: Oxford University Press, 2008.

Hutton, Paul Mathingham. "T.R. Takes Charge", American History Magazine, 33. August 1998.

Latané, John Holladay. America as a World Power 1897-1907. New York: Harcourt Brace and Company, 1907.

McKinley, William. "Proclamation 412 - Calling Forth Volunteers to Serve in the War with Spain," April 23, 1898. Online by Gerhard Peters and John T. Woolley, The American Presidency Project.

Morgan, H. Wayne. William McKinley and His America. Kent, OH: Kent State University Press, 2003.

Offner, John L. An Unwanted War: The Diplomacy of

the United States and Spain over Cuba, 1895-1898. Chapel Hill, NC: University of North Carolina Press, 1992.

Pérez, Jr. Louis A., The War of 1898: The United States and Cuba in History and Historiography. Chapel Hill, NC: University of North Carolina Press, 1998.

Post, Charles Johnson. The Little War of Private Post: The Spanish-American War Seen up Close Lincoln, NE: University of Nebraska Press, 1999.

Powell, Jim. Bully Boy: The Truth About Theodore Roosevelt's Legacy (New York: Crown Publishing Group, 2006.

Procter, Ben. William Randolph Hearst: The Early Years, 1863-1910. New York: Oxford University Press, 1998.

Roosevelt, Theodore. The Rough Riders. New York: C. Scribner's Sons, 1899.

Rosenfeld, Harvey. Diary of a Dirty Little War: The Spanish-American War of 1898. Westport, CT: Praeger Publishers, 2000.

Shaw, Albert. "The Blowing Up of the Maine". American Monthly Review of Reviews, April 1898: The Progress of the World.

Smith, Duane A. Henry M. Teller: Colorado's Grand Old Man. Boulder, CO: University Press of Colorado, 2002.

Sweig, Julia E. Cuba: What Everyone Needs to Know. New York: Oxford University Press, 2009.

Thomas, Evan. The War Lovers: Roosevelt, Lodge, Hearst and the Rush to Empire, 1898. Little, Brown, and Company, 2010.

Tone, John Lawrence. War and Genocide in Cuba, 1895-1898, ed. Louis A. Pérez, Jr. Chapel Hill, NC: University of North Carolina Press, 2006.

----. U.S. Department of State: Office of the Historian. Milestones 1866-1898, Mahan's "The Influence of Sea Power upon History": Securing International Markets in the 1890s (Washington: Government Printing Office, 2013.

Walker, Dale L. Death Was the Black Horse: The Story of Rough Rider Buckey O'Neill .Lincoln, NE: University of Nebraska Press, 1997, 162.

White, Trumbull. Pictorial History of Our War with Spain for Cuba's Freedom. Cincinnati, OH: Lyons Brothers and Company, 1898.

Wilkerson, Marcus M. Public Opinion and the Spanish-American War: A Study in War Propaganda. Baton

Rouge: Louisiana State University Press, 1932.

Livros Gratuitos da Charles River Editors

Temos diversos títulos totalmente gratuitos todos os dias. Para ver os títulos gratuitos disponíveis no momento, clique neste link.

Livros com Descontos Especiais da Charles River Editors

Temos títulos com descontos especiais no valor de apenas 99 centavos todos os dias! Veja os títulos disponíveis com este desconto clicando neste link.